われ在り
I AM

ジャン・クライン 著

伯井アリナ 訳

ナチュラルスピリット

I AM

by Jean Klein

はじめに

読者の中には、本書のあちらこちらで一種の既視感《デジャブ》のようなものを覚える方もおられるかもしれません。というのも、本書は前作“Neither This Nor That I Am”(これにあらず、あれにもあらず、われ在り)の全体を改訂し再編集したものだからです。かねてから、私は前作を書き換える必要があると感じていました。本書『われ在り』(I AM)は前作よりもいっそう明確に真理を示しています。

ジャン・クライン

読者の皆さまへ

私は母親だ。私は息子だ。私は医師だ。私は法律家だ。私は音楽家だ。私は背が高い。私は背が低い。私はアメリカ人だ。私はフランス人だ。私はユダヤ人だ。私はキリスト教徒だ。私は黒人だ。私はゲイだ。私は資産家だ。私は不幸だ。私は幸せだ。私は結婚している。私はこれだ。私はそれだ。

私たちは常に、自分のことを自分自身以外の何かとの関わりの中で理解しています。つまり私たちは条件つきの「私」しか知らないのです。しかし、「われ在り」(I AM)と言うとき、心《マインド》の中で私たちは思います。「何が私なのか?」、「私とは誰なのだろう?」と。そこで本書ではいかなる条件づけにも先立つ「われ在り」、つまり心が介入する以前の私について話します。

さて、どうすれば私たちは条件づけされていないものを知ることができるでしょうか? それには、事実と経験の寄せ集めの知識とは異なる、新たな種類の認識が必要です。どんなにたくさんの本を読み、どんなに多くの経験を積んでも、そんなことは「われ在り」を知るためにはまったく役に立ちません。この新たな認識は、経験や受け売りの知識を追い求めるのをやめることから始まるのです。やめるということは決して受動的な行為ではありません。それどころか、人はこれまでに身につけた機械的な反応をやめたときに初めて、潜在能力や創造力を完全に開花させ、新しいダイナミックな領域へ入ってゆくことが可能になります。リラックスした自然な状態の脳は、あらゆる方向に同時に注意を向けています。このように多次元的な注意を払うために、特定の観点やデータ、意見、記憶などは必要ありません。これらの方向づけがすべてやんでいるとき、私たち本来の無方向的な(特定の方向性を持たない)注意が続きます。これこそが、「われ在り」への入り口です。

したがって、本書は表現することも客観化することもできないものを扱うことになります。本書は私たちの本質である真理、つまり事実の寄せ集めとは無縁の真理についての本です。その真理は理由のない、自律的なものです。そして、ただ、それゆえにこそ、それは本物なのです。真理を知るのに手掛かりは必要ありません。真理はそれが真理であることをみずから証明するからです。それは知識を持つことではなく、直接的な知識、つまり在ることとしての認識です。それゆえ、それを対象化することはできません。それはいかなる思考や感情よりも私たちの近くにあります。それは私たちの基盤なのです。

「われ在り」は抽象的なものでもなければ、概念や観念でもないので、これについて教えることは概念的な知識を伝達することとは違います。これらの対話の理解は心の中では起こりません。もちろん、言葉は言語のレベルで働き、心をより明晰《めいせき》にすることによって、心にそれを超えたものについての明瞭な座標を与え、心による理解の限界をわからせてくれます。しかし、これらの言葉の完全性と真の意義は、それらが思考からではなく、思考の背後にある静寂、すなわち「われ在り」から生まれたという事実にあります。答えはこの静寂、あるいは個人的なものがなくなったところに現れる開放性《オープンネス》の中に生じます。それらの答えにはその源泉の「香り」が満ちています。だからこそ、それらには変革する力があるのです。それらは本質から生じ、常に私たちの本質と自律を指し示します。ゆえに、それらは絶え間ない挑戦、信念や教育、常識などへの挑戦です。そして、それらの答えは、私たちが自分を何者か、たとえば思考者や探求者、行為者、受難者などとみなすことをやめさせてくれます。

もし、これらの言葉を普通の意味での言葉として、心で理解すべきではないのだとしたら、そしてもし、過去の経験や知識に基づいて理解してはならないのだとしたら、私たちはいったいどのように本書を読めばいいのでしょうか？

詩を読むように読めばいいのです。詩を読むとき、私たちは賛否を判断する気持ちや批判精神をいったん棚に上げて、詩の印象そのものを感じようとします。詩を読むとき、私たちは詩人になります。私たちは受動的で注意深くあり続けることによって、言葉が能動的になれるようにし、あらゆるレベルでその言葉がどのように響くか、どのように聞こえ、私たちの中でそれらがどのように動き、私たちがそれらによってどのように動かされるかに耳を傾けるのです。私たちはそれについて結論を出すことなく、詩のほうが私たちを見つけてくれるのを慎重に待ちます。心身構造で起こるあらゆる共鳴への、この注意深い開放性は真理を探求する者にとって、なくてはならないものです。詩人と同様、真理の探求者もさまざまな思考や感情、反応などにみずからを開くために、自分の個性を手放します。また、詩人と同じく真理の探求者もこれらを贈り物として、あるいは探検の指針として歓迎します。

この開放性の中でのみ、言葉の中に秘められた静寂は私たちのもとへ帰ってきます。なぜなら、開放性は「われ在り」、すなわち私たちの本質だからです。言葉は読者の中に真の組成を生じさせるための触媒に過ぎません。

エマ・エドワーズ

1

私たちは自分自身を、つまり私たちが普段自分の心身とみなしているものを調べ、それを理解しなくてはなりません。私たちはほとんどの時間、反応や反応に対する反応をして過ごしています。たとえば、怒るという反応をすると同時に、気を静め落ち着いていようと努めるのです。私たちはさまざまな逃げ道を試します。そうすることによって、私たちは絶えず自分の可能性に限界を設け、悪循環に陥ってゆくのです。

そこから抜け出す唯一の方法は、ただひたすら観察することです。ひたすら観察していると、自分の肉体的反応や精神的態度、癖、動機づけなどが現れるまさにその瞬間に、それらに気づくことができます。そこには評価や記憶に基づく分析はありません。初めのうちは、主観を交えず、評価もせずに観察するのは難しいでしょう。観察者は観察対象を重視し過ぎて、それに巻き込まれがちだからです。しかし、しばらくすると観察することそのものが重視されるようになり、それがより自然かつ頻繁に起こるようになります。やがて、観察者と彼が観察しているものとの間に中立性が根づき、両極がその推進力を失うときがきます。そこには静寂があり、私たちはもう、条件づけられた対象をはぐくみません。

私たちの行動の根本動機は何でしょうか？

一人でいると、ふとした瞬間に、自分の中に深い欠如感を覚えることがあります。この欠如感は他のすべての欠如感を引き起こす、中心的な欠如感です。この欠如感を埋め、渇きを癒すために、私たちは考え、行動します。この物足りなさは何なのかと問いただすことさえせずに、私たちはやみくもにそこから逃げるのです。私たちはまず、その欠如感を埋めようと、次々とさまざまな対象を試し、絶望します。つまり、私たちは次々といろいろな埋め合わせを試し、失敗に失敗を重ね、次々と苦しみの原因を生み、戦いに次ぐ戦いを繰り返すのです。これは大部分の人が陥る運命です。欠如感があるのは仕方のないことだと思って、その状態に甘んじる人もいます。逆に、何らかの埋め合わせによって、偽りの満足感を得る人もいます。しかし、その満足感は一時《いっとき》しか続きません。やがて、その埋め合わせに飽きたり物足りなさを感じたりして、ほとんどの人はまた別の埋め合わせを探すことになるのです。しかし、中にはその事態をじっくり観察しようとする人もいます。ある対象は束の間、私たちを心底満足させてくれます。そして、その間私たちは自分の本質である充足感に浸ります。そうやって満たされている瞬間、私たちは対象をまったく意識していません。したがって、その対象は私たちの経験の原因ではありません。このような、対象によらない喜びの瞬間を知ることは非常に重要です。

私たちは習慣的に、喜びは何らかの原因によって生じると考え、その対象こそが喜びだとみなしています。なぜなら、記憶が喜びとその対象を結びつけるからです。しかし、実を言うと両者はまったく異質のものです。だからこそ、私たちには「自分が存在することの喜びを感じるために、その対象が費やされている」ということがわかるのです。

私たちが静かな気づき《アウェアネス》を通して周囲のものを見ると、それらは調和のとれた自然な状態になってゆくというのは本当ですか?

私たちの心身の性質を変えることができるのは静かな気づきだけです。この変化は完全に自発的です。もし、私たちがそれを変えようと努力しても、せいぜい注意をある一つのレベルから別のレベルへ、あるいは一つものから別のものへ移すことしかできません。私たちは悪循環の中にとどまり続けます。これはエネルギーをある点から別の点へ移しているだけです。それでは、私たちは依然として苦しみと喜びの間を振り子のように揺れ動き続けることになります。苦しみと喜びは必ず、対極へと揺れ戻すからです。私たちの生物学的、感情的、あるいは心理学的な性質によって行われてきた条件づけをやめさせることができるのは、生ける静寂、つまり静かであろうとする者さえいない静寂だけです。そこには支配者も選択者も選択する人格もいません。何も選ばず、与えられた状況を生きていると、どんどん自由になってゆきます。あなたはもう、物事の他の側面よりもある面にこだわるということをしません。なぜなら、こだわる者がいないからです。あなたが何かを理解し、形式にこだわることなくそれを生きると、理解したことはあなたの開放性《オープンネス》の中に溶け込んでゆきます。この静寂の中で、変化がひとりでに起こります。問題は解決し、二元性は終わります。そしてあなたは、理解する者も理解されるものもない、栄光の中に残されるのです。

「対象は真の私たちである究極の認識者を指し示すためにだけある」とあなたはおっしゃいました。しかし、対象の中にはその性質からして、私たちを究極のものと直接出合わせてくれるようなものがあるとは思いませんか？　私は今、芸術作品のことを考えています。というのも、それらは芸術家のハートから直接湧き上がってくるものだからです。

芸術作品について語るときは、まず真の芸術作品と、いわゆる芸術的な作品とを区別しなくてはなりません。真の芸術作品はいつも背景、すなわち意識から湧き起こります。音楽であれ、絵画であれ、建築であれ、詩であれ、彫刻であれ、芸術作品が芸術家の奥底から押し寄せてくる瞬間、彼らはいつも、それを稲妻のように感じます。その後で、彼らは工夫を凝らし、時間と空間の中でそれに体と形を与えます。レオナルド・ダ・ヴィンチは『最後の晩餐』をすべて一瞬で思いついたに違いありません。また、バッハの『フーガの技法』やモーツァルトの作品のいくつかについても同じことが言えます。芸術家と呼ばれるに値する芸術家は決して、自分の使う素材や、その作品が扱う題材、あるいはそれに関する先例などにとらわれません。彼らはただ、さまざまな要素を組み合わせ、完璧な調和を生み出すことによって、すべてを融合させ、鑑賞者がもはやそれらがばらばらのものであるとは思わなくなるようにすることにしか関心がないのです。それゆえ、その作品の客観的な側面は排除されます。タゴール（訳注：ノーベル文学賞を受賞したインドの詩人。一八六一～一九四一）が言ったように、「真の芸術作品の目的は定義できないものに形を与えること」です。ですから、それらを見る者はもはや、それに使われている素材も、それにまつわる逸話も気にしません。その代わりに、いきなり美的体験である無の状態に飛び込みます。その後でようやく、彼はそれを美しいと評価します。なぜなら、それが彼自身の美への気づきを刺激し鼓舞してくれたからです。このことから、芸術作品は一つの媒体、私たちを美的体験に導くための手段に過ぎないことがわかります。美的体験はまさに創造的です。私たちは芸術家自身が創造の瞬間に感じたものを感じます。それは受容されることを求めずに自然に提供されたものです。

あらゆる対象が「究極の存在」を指し示しています。しかし、普通の対象は究極の存在を受動的に指し示すだけです。その点において、一般の対象と芸術作品は異なるのです。

「対象は私たちの美を刺激する」とあなたはおっしゃいましたが、私は美には原因などないと思います。

明らかに美しい対象は私たち自身の美を刺激します。なぜなら、感覚的知覚は時間と空間の中で機能するからです。しかし、美を生きている瞬間、対象もそれを経験する者もありません。それは時間のない瞬間であり、そのとき、あなたは自分の完全性を生きています。ですから、原因と結果は相対的なレベルで存在するに過ぎません。それらは同時に経験されることができないので、概念としてあるだけなのです。常に意識はその対象と一つです。決して二つにはなりません。いつも一つです。

何が対象にそんな力を与えるのですか?

美を指し示すことができるのは、美からその全体が一斉に生まれてきたような美術作品だけです。美はどんなものでもすべて同じです。芸術家が自然に自分の最も深い本質を提供し、みずからの才能を通してそれに最も近い表現を見つけると、その表現はそれを見聞きする人たちの中で彼ら自身の最も深いものを目覚めさせるのです。しかし、あなたが美の中で生き、美から見るとき、あらゆるものがさまざまな仕方であなたの全体性を指し示します。もはや分裂した心によって生きることはありません。すべてはあなたの全体性に属するのです。

しかし、すべての人がこれらの芸術作品に心を開き、それを受け入れられるわけではないと思いますが。

人々に芸術作品の中に美を見出すようにという前に、まず、彼らに見方や聞き方を教えなくてはなりません。やってみるとすぐに、それがいかに難しいことかわかります。聞くことや見ることはそれ自体が芸術なのです。美的体験をするためには、記憶から自由になり、完全に受動的にすべてを迎え入れることによって、色彩や音、リズムや形などの戯《たわむ》れに自分を開かなくてはなりません。この開放性、あるいはこの見方はあらゆる感覚の根底にある光であり、遅かれ早かれ、私たちは自分がこの光の中にあることに気づき、それを意識できるようになります。このようにして芸術作品を見ることはまさに創造的です。そこにはいっさいの分析がありません。私たちが芸術作品から衝撃を受けるたびに、その作品は私たちを真我《セルフ》へと引き戻してくれるのです。

あなたは人と親しくなると、遅かれ早かれ、その人たちに「芸術や音楽や私たちの身の回りにあるものの中にある美を鑑賞することを学んでください」と勧めますね。あなたは明らかにそれを非常に大切な「サーダナ（修行）」だと思っておられるようです。「私は誰か？」という疑問を解くために、芸術鑑賞が厳密にはどう役立つのですか？

視覚、聴覚、触覚、味覚、嗅覚など、あらゆる感覚は個人的な防衛や攻撃に向けられているか、あるいはそのために分散されています。つまり、その人格を維持するために使われているのです。しかし、芸術鑑賞をすると、感受性と受容性が目覚めます。そしてエネルギーが維持され、それぞれの感覚器官はその器質的な多次元性を発見します。真に聞くとき、耳は音をとらえることなく、完全にリラックスしたまま、音や静寂やリズムを受け入れます。そのとき、耳は音を全身に伝える創造的な道具となります。もはやそれぞれの感覚が断片的に機能することはありません。全身が一つの完全な感覚器となるのです。このすべてを歓迎する開放性、包括的な感覚と感受性がなければ、「私は誰か？」という問いは知的なレベルにとどまります。この問いを生きた問いにするためには、それを私たちの存在のあらゆるレベルに置き換えなくてはなりません。生きた問いへの開放性は生きた答えへの扉です。

2

自由は人格と無関係です。なぜなら、自由とは人格から解放されることだからです。基本的に、師と弟子は一つです。両者はすべての行動と知覚の永遠なる中心軸なのです。両者の違いはただ一つ、一方は自分が何であるかを「知っている」のに対し、他方は知らないということだけです。

しかし、日常生活では人格が非常に重要な役割を果たしており、すべてが人格に依存しているのではありませんか?

人格は投影、つまり記憶によって生み出され、欲望によって育てられた習慣に過ぎません。「私は誰か?」と自分に聞いてみてください。すると、聞く者、考える者、行為する者、受難する者などはすべて「われ在り」(I AM)という意識、つまり永遠不滅の背景の中で現れては消えてゆく形なのだということがはっきりと観察できます。人格それ自体に現実性はありません。いわゆる人格は誤解に基づいています。思考や感情、行動などは生成消滅を無限に繰り返しながら、連続性という幻想を生み出します。ある人格、あるいはある自我《エゴ》であるという考えは記憶によって結びつけられたイメージに過ぎません。自分はこういう者であり、ああいう者であるという考えは、あなたの想像、あるいは錯覚の一部です。師はその無限の現存《プレゼンス》によって、また、その教えを与えることによって、あなたは対象でも自我でもないということを理解できるように助けてくれます。本来のあなたは対象化できません。それは時間や空間と無関係だからです。

精神的混乱から解放されるには、どうすればよいですか？

ただ、その混乱に気づいていてください。いっさい何も変えようと思わず、自分がどのように機能しているかを観察してください。絶えず注視していると、心《マインド》は浄化され、遅かれ早かれ、あなたは意識的に心を超えることができるようになるでしょう。

真我《セルフ》の探求ではうまくいくこともいかないこともあるでしょう。なぜなら、あなたはまだ物事をその真の観点、つまり全体として見ることができないからです。この不安定さは、あなたが自分を心と身体だと思っている間ずっと続きます。あなたが心の本質を認識するまで、心はあなたを間違った方向へ導き続けます。しかし、過去から自由になって聞くと、このことがわかります。師の言葉とともに生きてください。そうすれば、真理を思い起こさせてくれる合図がこれらのことに気づかせてくれます。これらの言葉にならない合図とは、師の言葉によって言及されているものに備わった香りです。自分を自分ではないものに合わせるのではなく、この静けさに合わせてください。なぜ自分と世界を同一視するのですか？　あらゆる存在は意識の現れです。本来のあなたは原因を持たず、完全に自律的です。したがって、自分を選択の世界に住む個別の行為者であるとみなすことは、自我の幻想です。

あなたは機会の許す限りできるだけ多く、この非個人的な背景に帰らなくてはなりません。自分の注意が常に何らかの対象か思考に向けられていることに気づいていてください。条件づけすることなく在るという感覚をあなたはまったく知りません。傍観者になってください。生命の自然な流れ、自分の行動やその動機、そしてそれらから生じる結果に気づいていてください。あなたが自分の周りに築いた壁を観察してください。もっと自分の心と身体に気づくようにすると、自己がわかるようになります。あなたが思い込んでいる物事のイメージが消えてゆくと、本当の自分がはっきりとわかります。それは心の産物とはまったく異なるものです。どんなことが生じても、あなたはどんどんそれに巻き込まれなくなってゆきます。そして、ある日、自分がただ知覚していることに気づくのです。ひとたび「私とは私の身体である」という考えやその考えの影響から自由になると、在るという自分本来の状態に気がつくでしょう。この発見に完全に自分をゆだねてください。概念や知覚によって知っている要素を投影しても、真の気づき《アウェアネス》を得ることはできません。理性によって本来の自分を経験することはできません。あなたではないものを消し去ったとき初めて、あなたはそれに達することができるのです。

　気まぐれな自我はあなたが在ることを妨害します。ですから、その場に観照者（ただ見守る者）が入って、自我に自分は何であるかを、つまりそれは一つの対象であることを自覚させなくてはなりません。この観照者は在ることへの扉を開く、一つの教材です。自我は自分自身を「知る」ことができません。なぜなら自我は自分を自分の考えることや感じること、経験することなどと同一視するからです。自我には抵抗と防衛と興奮しかありません。明るく輝き、自我にそれらが何であるか、つまりそれらが幻想であることを示すのは観照者です。

　静かな観照状態は、自分ではないものの発見へと私たちを導きます。つまり私たちは自分の身体や思考パターン、それまでほとんど意識していなかった自分の行動の理由や動機などに気づくのです。介入も評価もせず、照合することもなく、ただ思考を観察していると、その観察の中に思考は消えていきます。もはや思考過程や思考内容が重視されず、観察することそのものが重視されるようになると、この観照状態が一つの浄化、あるいは手放しになります。そこに浄化したり、手放したりする人は誰もいません。思いもよらないほどのエネルギーを秘めた世界がみずからを解き放ちます。精神活動はかき乱されなくなり、ひとりでにそれ本来の自然な流れに従うようになります。

私たちは注意の中で自己を発見します。そして、私たちは「私はこれである、私はあれである」という投影を完全に捨て去ります。この注意は経験と経験者を超えています。それは純粋な気づきなのです。

私たちが世界について考えているときにだけ、世界は存在します。創世の物語は子供だましです。実際には、世界は絶え間なく創造されています。単に記憶が連続性という間違った印象をもたらしているだけなのです。個人には独立した実態などありません。個人は記憶と習性の織物です。それは絶えず動揺し、何かを望み、不満を持ち、何かを集めようとし、承認と安心を探し求めます。基本的に、それはおびえていて自分自身について深く問おうとはしません。

時間と結びついたあらゆる知覚、およびあらゆる経験ははかないものですが、私たちの本質は時間を超越しています。しかし、明瞭な視野が欠けていると、私たちは自分をはかないものと同一視してしまいます。時間を超えた永遠の瞬間に呼び求められたら、その招きを受け入れてください。そして、自分がいないところに自己を発見できるまで、その瞬間の奥深くに入ってください。

以前、あなたは「真理しか存在しない」とおっしゃいました。それならば、自我もまた真理なのですか？

「在ること」だけが真理です。「在ること」はいかなる原因にも依存せず、自律的です。もし、あなたがまやかしの物事をまやかしであると見るならば、それは啓示です。そして、放棄が起こります。そこに放棄する人は誰もいません。この選択のない直接的な道において、エネルギーが解放され、ひとりでに真の存在が確固としたものになるのです。

あなたが存在するから世界は存在します。しかし、あなたは世界ではありません。世界とは意識の対象、つまり名称と形です。しかし、永遠に変わることのない現実はそれらを超越しています。純粋に反射作用のせいで、あなたは名称と形にこだわっています。そして、それゆえに現実を見逃してしまいます。

意識の外には何もありません。宇宙も、あなたの個人的な「私」も、すべて意識の中に現れます。しかし、想像力によって私たちはこの気づき、つまりこの意識から切り離されてきました。そして、私たちは自分自身に取り囲まれ、自分を恐れや概念、イメージの中に閉じ込めてきました。ですが、目覚めている状態も夢を見ている状態も、私たちが共通して持っている、この静かな気づきの上に重ね写しされているのです。

あなたが何をするかはまったく重要ではありません。大切なのはあなたがどのようにそれをするかということ、つまりあなたの内面的な態度なのです。世界の舞台であなたが演じる役に意味はありません。大事なのはあなたが明瞭な視野を持って、その役を演じているかどうかということだけです。演技することで自分を見失ってはなりません。それは、あなたの内なる存在を見えにくくすることに他ならないからです。

私心がなく無欲な行動はあなたを束縛しません。逆に、あなたを完全に自由にしてくれます。この瞬間を生きてください。そして、ただ在るのです。記憶に基づいて選択すると、すぐにあなたは奴隷になってしまいます。「在ること」として生きてください。そうすれば、至福に気づくでしょう。

3

私たちは身体ではありません。しかし、そのことを言う前に、私たちは「自分ではない身体とは何なのか」を正確に知る必要がありそうですね。

身体は五感からできています。五感を抜きにして身体について語ることはできません。私たちはおもに感覚として身体を経験します。私たちは身体を感じるのです。私たちに現れる感覚は実にさまざまです。たとえば、私は重い、軽い、温かい、寒い、緊張している、リラックスしているなどと感じます。これらの感覚は私たちが慣れ親しんだ記憶と習慣です。それらは「私は身体である」という観念が、自分の存在を再確認するための手段に過ぎません。それらはいわば、本来の自然な状態にある身体の上に重ねて合成された画像のようなものです。したがって、「私たちはまず、自分が何でないかを知らなくてはならない」とは、「私たちはこの重ね合わせられた画像にはっきりと気づかなくてはならない」ということを意味します。

身体の本来の状態を感じるということについて話してくださいましたが、どうすればその本来の感覚を知ることができるのですか？

先述した通り、私たちが「感覚」として知っている諸感覚は「私は身体である」という考えに属する、条件づけられた感覚です。そして人格、つまり「私」はこの重ね合わせられた画像を支えにしています。なぜなら、人格は感覚か観念のいずれかを住処《すみか》としなくてはならないからです。条件づけから自由になる唯一の方法は、記憶抜きで、つまり条件づけの共犯者抜きで見ることです。心の中にどんな感情が浮かんでも、それを視覚化したりそれに集中したりせず、放っておくことです。観照者である「私」の前に、つまり中心も周辺もない注意の前に感情が現れるのを、現れるままに放っておくと、身体は何段階かの消去の過程を超えてゆくことになります。なぜなら、重ね合わせられた画像はこの観照者の前で消えてゆくからです。あなたは条件づけが手放されてゆくのを見ることになるでしょう。それまでは人格を確かなものだと信じるために、間違って条件づけが重視されていました。しかし、いまや重点は観察へ、つまり観照することへ移ります。そして、まもなくあなたは自分が観照されるものを超えた光であることに気づくのです。これはあなたの全体的な広がりの本来の状態です。それはエネルギーであり、空《くう》であり、光です。

初めのうち、この新しい身体感覚は弱くて壊れやすいでしょう。そのため、あなたは古いパターンに引きつけられるかもしれません。しかし、身体には有機的な記憶、つまりくつろいだ、それ本来の状態の記憶があります。その記憶がひとたび目覚め、ある程度持続されれば、遅かれ早かれ、それが永久に続くようになります。古い諸感覚はあなたと相いれなくなり、あなたはそれを思い出すことさえ難しくなってしまうかもしれません。それからあなたは、身体は自分の中に、つまり気づき《アウェアネス》の中に現れるのであり、あなたが身体の中に消えてしまうことはないと気づきます。

あなたはこの新しい身体感覚をエネルギーとして語っておられます。では、この感覚はある程度じっとしているのでしょうか？　それとも振動しているのでしょうか？

この新しい身体感覚は筋神経系には属しておらず、それよりももっと微細な性質を持っています。それはあなたの周りの空間をおおい尽すように広がっています。このエネルギーはいかなるものにも邪魔されることがなく、身体にとっては障害物になるようなものにも浸透します。それは非常に有益です。それは愛です。

あなたが話されている光は触覚に属しているようですね。では、他の感覚、つまり聴覚や視覚、嗅覚や味覚などの本来の状態の経験はどのようなものなのでしょうか？

感覚器は過去の条件づけから解放されると、とらわれることをやめ、いわば契約を解除して、常に新しいものを受け入れるようになります。何かを聞いているときは、自分がその音にとらわれていることに気づいてください。そして、それを手放してください。何にも意識を集中してはいけません。このような無方向的な聞き方、このような多次元的な聞き方をすると、たくさんの音が連続して聞こえてくるでしょう。あなたが特にどれかの音を選ぶことも、それに対して行動することもなければ、それらの音は消えてゆき、最後には一つの音だけが残ります。もしあなたがその音に集中しなければ、その音も消え去り、あなたはただ純粋に聞いている自己に気づきます。同様に、口の中からあらゆる味が消えたとき、あなたは口そのものの味を感じるようになります。話を戻すと、最終的に、聞くことは純粋な気づきに完全に再吸収されます。

あなたは「これらのエネルギーは完全に自由で、身体の物質的構造には縛られない」とおっしゃいました。それならば、そのエネルギー体を使えば、身体ではできないような動きでも、どんな動きでもできるということですか?

今、私たちが話している微細身《サトルボディ》は身体の物質的構造から完全に自由です。そのエネルギーはいかなる制約も受けません。それは真の身体であるエネルギー体に属しています。このエネルギーは私たちの神経や筋肉に深く埋め込まれたすべての条件づけを焼き尽くすことができます。それは身体から条件づけやさまざまな感覚を取り除くのです。それらは、「私は身体である」という観念、つまり「自分はどこかに住んでいて安全だ」と感じることを要する人格が身体に課したものです。この人格は好き嫌いや恐れに基づいて行動します。そして、それらの行動は筋神経系に作用し条件づけの悪循環を生み出します。

このエネルギーは活性化すると、身体の物理的な形には縛られません。それは完全に自由です。つまり想像しうる限り、どんな形にでもなれるということです。身体を条件づけられた動きから解き放つには、この微細身によるしかありません。たとえば、いくつかのアーサナ（ヨガの姿勢）やポーズについて考えてみましょう。最初に、微細身のみでその動作をやってみます。そのとき、私たちは身体が完全に空《くう》であり続けるように、注意深く意識していなくてはなりません。なぜなら初めのうちは、身体構造を動かすと必ず、記憶や習慣が介入してきて筋神経系に反応を引き起こすからです。したがって、この微細なエネルギー体で動作をするときには、その動きが習慣の影響をまったく受けないようにしなくてはなりません。この空を感じられたとき初めて、私たちは身体をその動きに導くことができます。ただし、今や身体は拡大された身体の中で動くので、その動作は新たな現れ方をします。再び条件づけられた感覚に乗っ取られないようにすること、そして空の感覚を自覚的に保つことが大切です。それが身体を使って創造的に進歩する唯一の方法です。そうしなければ、私たちはかえって条件づけを強化することになってしまいます。

通常、このエネルギーが湧き上がる強さは身体の部位によって異なります。いくつかの部位、たとえば手のひらや口の中などは特にこの微細なエネルギーが活性化しやすくなっています。微細なエネルギーが最初に特に強く現れるのはこれらの部位でしょう。もし、それについて何も考えず、いかなる努力もせずに、ただ手のひらに意識を集中して、そのエネルギーの触感が自然に湧き上がれるようにしてやると、その感覚は全身にみなぎってゆきます。ですから、まず出発点を見つけてください。それから、そこからそのエネルギーを全身に広げてゆくのです。

厳密に言うと、このような肉体的アプローチや食事法などは、非個人的な自己を見つけるのにどの程度役立つのですか？

自分の身体をよく調べてみると、そこには若い頃の間違った食生活の残滓《ざんし》がいまだに溜まってい て、それが大きな負担になっているということがすぐにわかります。この残滓は濃密で不透明な印象を生み出し、私たちの感覚を鈍らせ、自分の透明性を感じられないようにします。観察しているととても面白いのですが、身体に正しい条件を与えると、身体はこれらの残滓を消し去ってゆきます。健康的な食品からなる適切な食生活によって、全身がそれまでとは異なる反応を取り始めるのです。もちろん、精神や心理のレベルにも変化が起こります。食事と同じく、ある種の身体運動も、私たちがより意識的になり、負担がかかり過ぎて凝り固まっている個所や詰まっている個所を見つけるのに役立ちます。それらの動きは「身体とはこういうものだ」という思い込みから私たちを解き放ち、呼吸によって、身体に栄養を与えられるようにしてくれます。ですから、知識と強い感受性を持って行うならば、これらのアプローチは非常に有益です。知識と強い感受性を持って行うとは、それらの動きを気づきの中で始めるということ、そしてこの話のテーマである非対象的な観点を目指すということです。機械的なエクササイズはすべて、むしろ条件づけを強化してしまいます。

もし何も訓練せずに、身体と心《マインド》を自然の成り行きに任せていたら、それらは野生の荒馬のように暴走してしまいませんか？

身体と心を自然の成り行きに任せるということは、私たちが受動的に身体と心のいいなりになることでも、それらと自分を同一視することでもありません。そんなことをすれば、私たちは身体と心の奴隷になり、苦しみ、みじめになるだけです。受動的に野放しにすることと、積極的に成り行きに任せることを区別しなくてはなりません。積極的に任せる場合、あなたは百パーセントそこに存在し続け、何ものにも巻き込まれることなく、明敏な意識で、積極的にすべてを注視しています。

すると、自我《エゴ》の力は徐々に弱まり、最後には純粋な気づきに再吸収されてゆきます。一つの中心から物事を見るのをやめること、それは永遠の自由への第一歩です。私たちがいかなる形の投影も行わず、いかなる期待も抱かなくなったとき初めて、永遠の自由が生じます。期待を抱けば、もともとひとりでに完璧になってゆくはずの自然の成り行きを妨害することにしかなりません。気づきは明瞭な視野の中で稲妻のように輝きますが、重荷を背負った心の中に根づくことはできません。

日常生活において、私たちは何かの目的を達成するために攻撃と防御を行っています。しかし、グルに会うときは、そういう日常生活で人と会うときの普段の態度とはまったく異なる態度で接しなくてはなりません。グルとの出会いでは、完全に自己を受け入れ、グルに身をゆだね、喜んで彼を受け入れなくてはならないのです。そうすれば、いっさい偏見を持たずに、注意深く聞くことができます。師の存在と言葉は、あなたがどれだけ心を開いて聞いているかを映し出すもの、あなたにあなた自身の現存《プレゼンス》を思い出させてくれる鏡です。それによって、道は示され、恩寵への扉が開かれます。そして、気がつくとあなたは真の自己への入り口に立ち、まさに真の自己になろうとしているのです。

4

真理へ近づくには基本的に二つの既知の方法があります。段階的な方法と直接的な方法です。直接的なアプローチでは、「あなたは真理であり、何も獲得する必要はない」ということが前提になっています。何かを得ようとして努力することはすべて、真理から離れてゆくことに他なりません。「道」は厳密にはどこかから別のどこかへ行くというような道ではなく、単に真理、つまり「われ在り」（I AM）に対して自分を開き、それを喜んで受け入れることです。あなたが一度自己の本質をちらっと見さえすれば、それはあなたを引き寄せてくれます。ですから、あなたは招かれるたびにそれに応じて波長を合わせるだけで、他には何もしなくてよいのです。このチューニングに、意志的な要素はまったく必要ありません。心《マインド》が「われ在り」に合わせるのではなく、「われ在り」が心を吸収するからです。

他方、段階的に真理に近づく方法では、あなたは心に縛られたままです。心は「もし、心の状態が変わったり止まったりしたら自分を超える何かに吸収されるだろう」という妄想を抱いています。

この誤解は真理の探求者を悲惨な状況に陥れることがあります。つまり彼は自分の網で自分自身をがんじがらめにしてしまうのです。それは最も微細な二元性でできた網です。

もし、私が完全で何もする必要がないなら、なぜ私はここにいるのでしょうか？　また、なぜ私はこの惑星に存在するのでしょうか？

ただ、この完全性を知るためだけです。あなたが言う完全性や不完全性は互いに依存しあう概念です。あなたにとって最も身近で基本的な性質である真理は、そのような相互補完性を超越しています。不完全性も完全性もなくなったとき、あなたは自分の現在の中に、つまり自分の完全性の中に生きています。そうなってください。

先生、あなたが今、この女性にされた解答で彼女は納得されたようですが、私には理解できません。私にも理解できるように、もっとわかりやすく説明していただけますか？

あなたには気づく能力があります。ですから、自分が不完全さや不満、不足、倦怠などを感じている瞬間、それに気づいてください。気づいてくださいと言いましたが、それは単にそれらの感情に名前をつけて忘れてしまうということではありません。むしろ、それらを知覚することに全神経を集中してください。それには時間がかかるでしょう。なぜなら最初、あなたは自分を見つめることに慣れていないからです。しかし、倦怠感や欠乏感を探求しているうちに、あなたはいつしかそれらの中で自分を見失うことがなくなるでしょう。あなたはそれらの対象よりも探求することのほうに夢中になるからです。やがて、あなたは自分と自分が探求しているものとの間に間隔があることに気づくでしょう。あなたはもはや、倦怠感や知覚にとらわれなくなります。そして、ある瞬間、突然にそのようなものは解決し、あなたは自分が現在の明晰性の中にあることを発見するのです。

私は自分の存在の本質を早く知りたくてたまりません。私はまだ真の明晰性をまったく感じられないので、また対象に気を取られてしまいます。静寂にいざなわれているというよりもむしろ、前よりも静寂にいざなわれることがなくなりました。

願いが叶ったり、何かの行動を成し遂げたりした瞬間に注意してください。そして、それらの瞬間に波長を合わせてください。そうすれば、あなたの「存在したい」という願いに変化が生じるでしょう。心から不安や恐れ、不満などがなくなると、自分の本当の願いは「在りたい」ということだけだとわかるでしょう。この願いには興奮や散漫さがまったくありません。見つけるべきものは何もないのだとわかれば、熱心な探求者ももう、明晰性の探求を急がなくなります。なぜなら、失われたものは何もないからです。自分は「探求者」によって間違ったほうへ導かれているのだと私たちがはっきりと自覚すると、それまでそれが自己だと私たちが思い込んできた人格はひとりでに消えてゆきます。存在したいという願望は望まれているもの自身から直接湧き上がってきます。言い換えると、真我《セルフ》はそれ自身を探し求めるということです。このことがわかると、私たちは集めたい、捕まえたい、達成したいという欲求を抱かなくなります。そして、心の活動が少なくなってゆきます。

このことを深く理解すると、私たちは自然に自分の故郷へ連れ戻されます。恩寵が私たちをそれ自身へと引き寄せるのです。このことを言葉で言い表すことはできません。それはただ、生きられることしかできないのです。

どうすれば絶え間なく揺れ動く思考の流れから抜け出すことができますか?

現れては消えていく思考の流れをひたすら観察してください。それらを拒絶したり助長したりしてはなりません。決してそれらを導こうとしてもなりません。ただ、淡々と注意深く見ていてくださいさい。そうすればすぐに、あなたは思考や感情、感覚などがこの無方向的で注意深い意識、つまりあなたの開放性《オープンネス》の中に現れるのを感じられるようになるでしょう。それらはあなたがいるからこそ存在するのです。ゆえに、それらの現れはそれらの故郷である、真のあなたを指し示します。最初にあなたは、自分が自分自身の思考に介入し、それらを抑圧したり、逆にそれらに飲み込まれてしまったりしていることに気づくでしょう。あなたがそんなことをするのは、孤立させられ、今まさに死にそうになっている自我《エゴ》が不安を感じているせいです。しかし、能動性や受動性といった心の習慣から自由になると、あなたは自分本来の静かな注意の状態になってゆくでしょう。

では、完全に無念無想にならなくても、この本来の注意の状態になれるのですか?

この状態は思考の不在によって起こるのではありません。それは、その中で思考が現れては消えてゆく場です。それは思考の「背後に」あります。ですから、無理やり心の揺れ動きをなくそうとするのではなく、ただ頭の中を明瞭にしていてください。単にすべてを歓迎するような開放性を保ってさえいれば、自分のネガティブな感情や欲望、恐れなどを受け入れ、理解できるようになるでしょう。ひとたび無方向的な注意の中で受け入れられれば、これらの感情はひとりでに燃え尽きてしまい、後には静寂だけが残ります。現れてくるものすべてに気づくように、注意深くしていてください。すると、まもなくあなたは自分が思考に巻き込まれることなく、それを傍観していることに気づくはずです。これが事実として確立すれば、思考が生じようと生じまいと、あなたはそれに縛られなくなります。

あなたの話を正確に理解できているとすれば、もし私の頭の中が明日の仕事の予定や家庭の問題、空想や白昼夢などでいっぱいだとしても、私は受動的にそれらに巻き込まれることなく、かといって強制的にそれらの考えを追い払おうとするのでもなく、ただ思考から観察へ重点を移しさえすればよい。観察し続けていれば、それらは消えてゆく。そういうことですか?

そうです。

ということは、たとえ無方向的な注意を感じているときでも、思考は生じるということですか?それとも、その思考は話が終わらない内にすぐ消えてしまうということなのでしょうか?

もはや思考は形成されません。

つまり単に考えようという衝動が起こるだけで、思考は形成されなくなるときがくるのですね。

そのような脈動すら消えてしまいます。もはや脈動をあおるものが何もないからです。対象を維持するのは主体です。主体がなくなれば、対象もその支えを失って消えてしまいます。現れては消えていく感情や思考に対して積極的に、あるいは消極的に何らかの対応をしているとき、あなたは自我という中心点からそれらを見て行動しています。しかし、この自我という中心点は幻想に過ぎないと知ると、あなたは自然にそのプロセスの外へ出ることになります。その瞬間、方向づけられたエネルギーがすべて、忽然《こつぜん》と消えてしまうのです。

あなたが思考やかすかな衝動を観察しているとき、そこにはまだ主体と対象の関係があります。その関係はまだ一つの中心と結びついています。しかし、あなたが気づき《アウェアネス》の状態にあるとき、中心はもはや存在しません。

気づきとは、自分の周囲に気づくこと、そして、気づいていることに気づくことです。周囲のものは気づきの中に現れます。ですから、最終的には瞑想教室へ行く必要もなくなります。なぜなら、もう対象も思考も脈動もないからです。

心が揺れ動いている状態から、考えたり投影したりしようという脈動すら消えてしまった状態との間には、過渡的な段階があるように思われます。そうですか？

一番初めから私たちは究極の無の状態、すなわち気づきそのものだけを重視しています。ある状態から別の状態への過渡的な段階はありません。思考や脈動はこの気づきの中に現れます。瞑想において経過段階はありません。意識は経過しないからです。観察すること、つまり究極の観照は一瞬で生じる出来事です。経験や実験はこの自然な無の状態の中で起こります。経過の中に経過はありません。経過も移行も等しく、決して前進も後退もしない連続体の中に現れるのです。

経過がないとすれば、記憶とはいったい何なのですか？

記憶とは一つの思考方法です。もし、何かの思考があるとすれば、その思考は今、現れています。たとえ私たちがそれに「二千年前」とか「昨日」とかいったラベルをつけたとしても、それらのラベルもまた、現在の思考です。与えられた時間には一つの思考機能しかないので、ある機能をしている瞬間、あなたはその機能を果たしている者です。

私がその機能を果たしている者であり、その外には何もないならば、どうしてその機能を果たしていたことを後から思い出すことができるのですか？

それが思い出されるということは、それがあなたの全体的な気づきの中で現れたことの証拠です。「意識とその対象は一つである」という言葉で私たちが言わんとしているのはそういうことです。それは観照と呼ばれることもあります。この全体的な気づきの中で、物事はいわゆる過去や未来から現れてきますが、それらはすべて普遍的な現在に属しています。それゆえ実際には記憶は存在しません。記憶は気づき、すなわち観照の中で生じる機能なのです。

いつ私たちは自分の行動を観照するのですか?

あなたは常に自分の行動を観照しています。ですから、観照しようとしてはなりません。観照は機能ではなく、また描写できるものでもありません。あなたはもともと観照者なのであって、観照者になろうとすることはできません。これはきわめて重要なことなのでよく理解しておいてください。あなたはただ、自分は観照者であるということをちゃんと自覚してさえいれば十分です。そうすれば、自分を思考者や行為者だと考える古いパターンや習慣は消えていきます。

何らかの行動をするとき、あなたとその行動は一つです。行動の中に自我はいません。後になってから、自我はそれを誰かに割り当てようとし、「私はこれをした」と言います。しかし、行動している瞬間、行為者はなく、ただその行為だけがあるのです。

干渉する主体は、ひとたびそれが存在しないものだと知覚されると消えてゆきます。そして、その後には純粋意識だけが残ります。自我という主体なしに、主体と対象という関係もありえないので、一つの対象として現れていたものも、もはや一つの対象であるとさえ言えなくなります。それはこの現実、つまりこの静寂の一つの表現に過ぎないのです。

私たちは自分自身をより良くするために何か努力すべきではないのですか?

あなたはいったい何を良くしたいのですか? あなたは完全です。いつも何か足りないと感じている、人格というベールを取ってください。そうすれば完全性だけが残ります。ひとたび偽りが偽りだとわかると、偽りのものはひとりでに消えてゆきます。あなたは自分を心や身体と同一視しています。それゆえに、あなたは改善したいと思うのです。心と身体が自分だと信じている限り、あなたはそれらの道具に支配され続けます。

しかし、あなたが自分は心と身体だと信じるのをやめれば、その瞬間に、その誤りのために使い尽されていたエネルギーが解放されます。心や身体をあるがままに放っておいてください。そうすればもう、あなたはそれらに支配されません。それらはあなたという全体のほんの一部に過ぎません。ただ、自分の不完全なところに気づいていてください。そうすれば、この気づきそのものが不完全なところの処理をしてくれます。ひとたび自分が心でも身体でもないとわかると、あなたは何が起ころうとそれらをすべて受け入れることができるようになります。自分にある基本的な自律性を理解することによって、すべてを受容する態度がもたらされるのです。

あらゆることがこの歓迎という光の中で見られ、すべてがその中で現れては消えてゆきます。その結果、物事はその完全な意義を持つようになり、調和がひとりでに再構築されます。この「歓迎」は、研ぎ澄まされた気づきであり、その中に過去はありません。それは現在どんなことが繰り広げられようとも、自我によって制限されることも記憶によってゆがめられることもなく、それを許容し、歓迎することを目指します。

この一体性《ワンネス》において、私たちは自分の本質、つまり究極の喜びと完全性を発見するのです。

5

日常生活の中に、時々心《マインド》が揺れ動かない瞬間があります。それは、そこから真理が流れ込む窓です。私たちはそういう瞬間に気づかなくてはなりません。意志や訓練によってこのような瞬間を生じさせることはできません。むしろ、外的な状況が心に静けさをもたらすのです。心が何かをとらえようとすることや、何かを獲得し、何かになろうとするのをやめると、もはやエネルギーが戦略や目標達成のために充《あ》てられることがなくなり、心は平衡状態に戻ります。そこではすべてが安らかであり、静かな気づき《アウェアネス》を目指します。そして、その静かな気づきの中で、あらゆる思考や知覚が去来するのです。

しかし、瞑想によって心を静めることもできるのではないですか？

今私が話している「静かな心」とは、何も考えていないということではありません。何も考えていない状態は人為的に作り出すことができます。しかし、動揺のない心にはそれ独自のリズム、あるいは脈動があります。そして、これらの脈動の間には合間《あいま》があります。私たちはそれに気づかなくてはなりません。その合間は不在でも空白状態でもありません。それは完全な現存《プレゼンス》です。その合間に身を任せ、それに呑まれてください。

真理を知覚することはできません。それは非二元的な連続、すなわち見る者も見られるものもない、無の状態の中で生きることができるだけなのです。

しかし、ある種の瞑想は人の心を静め、その人をマントラの背後にあるものに呑まれるように導くことができるのではないでしょうか?

正しくマントラを唱えることは高度な技術であり、それを習得できる人はめったにいません。しかし、もし正しく唱えられれば、マントラには心を静める力があります。音波振動を通してマントラの構成要素のすべてが溶け出すと、あなたはその知覚、つまりその波動を持つ者となります。しかし、この波動はまだ観察の対象であり、あなたもグルから聞いて知っている通り、真のあなたはあらゆる知覚の背後にある光です。したがって、この最も微細な対象さえもあなたの気づきの中では分解してしまいます。

マントラの技術は魔法です。それを学ぶには非常に長い時間と才能ある師を要します。普通はそれをマスターする前に死んでしまいます！

キリスト教で教えられているように、他人を助けることによって自由で平和になることができますか？

もし他人を助けたかったら、まずあなた自身がまったく助けを必要としないようにならなくてはなりません。すると、あなたは周囲のすべての人を最大限に助けられるようになるでしょう。まったく行為しないことにおいてこそ、すべての行為が成し遂げられるのです。あなたはあなた自身の行為の行為者ではなく、それらの行為が生まれ出てくる「気づき」です。人格と人格、対象と対象との関係には安全性の要求とお互いへの要望しかありません。いわゆる与えることでさえも、たいていは何らかの見返りを期待してなされます。しかし、ただ純粋に与えることはあなたの本質です。それは愛です。もし誰かを助けるべき状況になれば、あなたは自然にその人を助けます。その援助はあなたの全体性、すなわち愛から生まれたものなので、非常に効果的でしょう。それに反して、もしあなたが人を助けることを職業としており、自分自身の、あるいは世の中の考えに基づいて誰かを助けるならば、その援助は常に断片的で微力なものにとどまるでしょう。

とはいえ、真の自己を実現するまでは、部分的な援助でも何もしないよりはましではないですか？

助けるという考えは一種の期待です。それは反応から生まれた行動なのです。助けたいという願いの奥底にある動機は何か、考えてみてください。先ほども言ったように、真の援助は行動しないことから生まれます。世の中が助けを求めていたら、もちろん助けてください。分別をもって助けてください。ただし、援助者になってはなりません。

「分別をもって助けてください」とは、どういう意味ですか？

仲間に何かを与えるときは、人生が彼に求めることを彼がなすために必要なものを与えてください。あなたが考える最善の生き方を他人に押しつけてはなりません。無分別な「援助」はそこら中にはびこっています。それは人格からの自由に由来するものではありません。ある意味で、そのような干渉は暴力であり、戦いです。

概念よりも知覚のほうが真理に近いとおっしゃるのはなぜですか？

知覚とは、脳によって名づけられたり、心理的な心によって識別されたりする以前の、感覚から与えられた最初のメッセージです。ほとんどの人の身体感覚は非常に退化してしまっています。なぜなら、彼らは知覚を離れ、すぐに概念化してしまうからです。知覚は常に今、直接的にありますが、概念化は記憶です。そして、たいていの時間、私たちは記憶を通して感じ、機能しています。日常生活で、私たちが感覚そのものを感じるために時間をとることはめったにありません。私たちはあまりにも早く感覚に介入し、概念化し、それを識別してしまうのです。知覚と概念は同時に存在することはできないのに、私たちは知覚が十分に満ち溢《あふ》れる前にそれを中断してしまう傾向があります。

つまり感覚は私たちの周囲にあるものと直接関係しているが、私たちは過去の感覚の記憶の中に生きているせいで、この周囲のものとの関係を見失っているということですか？

そうです。私たちは感覚を概念化し、結晶化し、識別してきました。知覚、すなわち認知し、名づけ、再認知することは自然な機能であり、照合の中枢にして意見の発信者である「私」に問い合わせる必要なく、ひとりでに起こります。しかし、私たちはこれらの直観的な機能からすぐに離れてしまいます。私たちは知覚がおのずから展開するのを待とうとしません。また、私たちの周囲のものが私たちに与えてくれるものを歓迎しません。私たちは記憶の中に生きようとするのです。記憶の中に生きると、私たちは自分を宇宙から切り離し、孤独の中に生きることになります。これがすべての苦しみの根源です。

知覚は非二元的ですか？　また、私たちは非二元性に近づくことができますか？

知覚そのものは非二元的です。それは知覚が生じる場所である、気づきとともにあります。

どうすれば知覚が現れる場である気づきそのものに気づくことができるのですか？

純粋な知覚はいわゆる「気づき」の中に含まれています。この場合、入れ物とその中身は同一です。中身を知る人、言い換えるなら気づいている人、あるいは自分は精神ではなく気づきであると自覚している人は自覚的に気づき、知覚の瞬間に現存《プレゼンス》しています。彼は生き証人であり、観客であると同時に役者でもあります。しかし、ひとたびこのような知覚が終わると、あるいはそれが二つの思考に分かれると、彼は存在していることに気づいてはいるものの、それに結びついた感覚を失ってしまいます。

背景とは真っ白い紙のようなものです。私たちがそこに描き始めると線が現れます。絵が形になっても白い紙が跡形もなく消えてしまうわけではありません。絵は紙の白さを覆い隠してゆきますが、白さはまだ、その背後にあります。感覚はちょうどその絵のように覆い隠します。ですから、自己を知らない人、つまり「気づいていない人」には一つひとつバラバラの線だけが見え、白い紙は見えません。彼は感覚に夢中になって、自己を忘れているのです。

そのように自己に気づくこともまた、一つの知覚ではありませんか？

いいえ。気づきは決して対象にはなりえません。それを理解しておくことはきわめて重要です。気づきはあなたの内側にあるのでも外側にあるのでもなく、時空からも自由です。それは広がりであり、入れ物であって、その中にあらゆる状態、あらゆる対象が現れます。それはあなたの一番そばにありますが、決して知覚されません。目は目が見ている様子を見ることができないのと同じです。究極の認識者は自分で自分を認識します。それは知るために何の手がかりも必要としません。気づきは知覚ではありません。それは統覚（訳注：apperception 哲学で知覚表象などの意識内容を自己の意識として総合し統一する作用。総合的意識的理解）なのです。

ここで言われている統覚と、いわゆる直接的な知覚との違いは何ですか？

一般的な知覚は主体と対象の関係を呼び起こします。しかし、直接的な知覚は心を経由しません。直接的な知覚は統覚と同じです。

なぜ知覚者の無限後退（訳注：一つの事象の説明や正当化がどこまでもさかのぼってなされ、結局わからないままに終わること）はありえないのですか？

意識は私たちの全体性です。私たちのすべての表現は意識の中にあります。もし、意識が知覚されうるならば、それは私たちの全体性ではないことになってしまいます。

なぜ、私たちは全体性を持たなくてはならないのでしょうか？　私たちは無限後退として存在していてはならないのですか？

もし全体性を生きなければ、私たちは部分として、主体と対象の関係の中で、不連続性の中で生きることになります。このことは私たちの人生に葛藤をもたらします。まず、このあらゆるものの現れの状態、つまり存在の不連続性を受け入れてください。この受容があなたの全体性です。しかし、それは単なる概念、つまり受け売りの情報であってはなりません。それは直接的に、生きられなくてはならないのです。

私たちはめったに純粋な知覚を得られないのですか？

はい。確かに、記憶装置のようなものに頻繁に介入されているうちは、ごくまれにしか純粋な知覚が起こりません。知覚が純粋なとき、そこに記憶はないからです。たとえば、花に注意を向けてそれを感じていると思っても、実際には私はその花を感じていません。私は単に記憶を呼び覚ましているに過ぎないのです。他方、もし私が記憶を呼び起こさずに、ただ花と向かい合い続ければ、その花は記憶の中に閉じ込められていたときよりもはるかに生き生きと現れるでしょう。それは私の無垢な目の前に、あらゆる期待を凌駕する完全な姿で現れるはずです。

記憶を介入させずに向かい合い続けることは、あなたが言われる聞くことなのですか？

はい。聞くことに中心はありません。それは多次元的な歓迎です。

「瞑想はしようと思ってできるものではない」とおっしゃいましたね。あなたがおっしゃる「瞑想」は背景であり容器であって、座って耳を澄ますことでも、向き合い続けることでも、いわゆる瞑想でもないのですか？

このように座ることは瞑想したいと思う動機を調べるため、そして神や平和、幸福などを探し求めている実体を見つけるための実験です。瞑想者の本質を見つけるまで、あなたは座ってそれらを探し続けるでしょう。しかし最後には、瞑想者は決して平和も神も幸福も見つけられないとわかるでしょう。なぜなら、それらは心、すなわち知性に属するからです。このことは突然わかります。そして、それがわかると「瞑想しよう」とする働きがなくなります。後にはただ、何かに向き合っている人も誰もいない、現存《プレゼンス》だけが残ります。

ということは、私は瞑想者を見つけられるまで、あるいは瞑想者を見つけることはできないとわかるまで、定期的に座って瞑想しなくてはならないのですか？

あなたは日常生活の中でいつでも、それを見つけられます。座ることを修行や習慣、あるいは癖にしてはなりません。ただ静かになることへの誘いを感じるまで待ってください。

誘いがめったにこない場合はどうすればよいのですか？　私は多忙な生活を送っていて、そのせいでそういう誘いを感じにくくなっているようです。

自分はさまざまな活動の中で我を忘れているということを見つめてください。あなたがそれを見つめるや否や、あなたとあなたの活動との間には距離ができます。

でも、私は自分が活動の中で我を忘れていることを知っていますし、その事実に気づいています。だからこそここへきて、あなたに質問しているのです。事実を見つめるだけでは不十分です。

あなたは概念の中で生きているせいで、「見る」ということまで概念にしてきました。そして、「忙しさのあまり我を忘れている」という考えを抱いてきました。しかし、見るという言葉で私が意味しているのは、知性的に見ることではありません。真に見ることは、前に私たちが話し合ったような、直接的な知覚です。それは弁明者も支配者もなく、事実について合理化することも考えることもなく、ただ事実や感覚、物事の状態などに直面することです。見ることにおいて、見る人は存在しません。それは、あなたが事実から逃れようとするのをやめたときに起こる瞬間的な統覚です。それから、あらゆる活動があなたの中にあるのであって、あなたが活動の中にあるのではなくなります。もう、あなたは活動の中で我を忘れたりしないでしょう。また、それらと自分を同一視することもないでしょう。逆に、活動があなたの中に消えてゆくのです。

瞑想中、たまに呼吸することが煩わしくなってしまいます。呼吸が何か堅苦しいことのように感じられて、息を止めてしまいたくなるのです。

呼吸したい、あるいは呼吸を止めたいなどと思ってはなりません。そこにはいかなる意志作用もあってはならないのです。ちょうど雲や鳥を眺めるように、息が出たり入ったりするさまを、ただ見つめていてください。すると、自分の呼吸が張り詰めているのがわかるでしょう。呼吸をただその働きに任せて放っておくと、次第にそれ本来の有機的な動きになってゆきます。大切なのは、あなたが自分は気づいていると感じる瞬間に達することです。気づくとはよく聞く、何が起ころうとそれに耳を傾けることです。それは、ちょうど子どもの遊ぶ声や車のエンジン音、梢《こずえ》にいる鳥のさえずりなど、いくつもの異なる音がしているけれど、あなたはその中のどの音も選ばず、どの音にもこだわらずに聞いているときのようなものです。あなたはそれらを無視しようとも、それらに注意を払おうともしていません。そのような聞き方をすると、聞こえてくる音はあなたの中にじっととどまることができなくなり、普段なら呼吸や聞こえる音をとらえたり、コントロールしたりするために使われているエネルギーが元の場所へ戻ります。そして、あなたは真に聞くことを経験するでしょう。

この聞くことは知覚ではないのですか？

いいえ、これは知覚ではありません。この実在はそれ自身を知っていますが、それは主体と対象の関係ではありません。よく聞くこと、すなわち無方向的な注意は自然で、生得的な脳の機能です。

では聞くことと意識は同じものなのですか？　それとも意識の現れの一つなのですか？

よく聞くことと意識は同じ性質を持っています。無条件に聞くことは最も微細な機能です。聞くことを続けると、それはやがて意識の中で展開してゆきます。

どうすれば、この意識、あるいはこの静寂でありながら、同時に記憶を要する活動をしたり、概念や他の種類の注意を扱ったりすることができますか？

自己認識の中で、すなわちこの意識の中で、あらゆる日常の活動はその完全な意味と完全な可能性を見出します。ひとたび自覚的にこの気づきになると、あなたはもう自分と心を同一視しなくなります。それから、どんな活動をしているときも、強いエネルギーを経験するようになるでしょう。ただし、それはあなたを対象に縛りつけるような、意志によって支配された推進力ではありません。このエネルギーもまた、意識の現れなのです。

自己認識はどのような感じがするのですか？　私は何の味わいもないだろうと思いますが。

何ものにも邪魔されなければ、真我《セルフ》はおのずと自分自身を知ります。それを説明することはできません。なぜなら、それは比較や相互補完性の領域に属していないからです。お香の匂いを嗅いだり、草の葉を見たりするには、それに対応する感覚器官を使わなくてはなりません。しかし意識は、それがどんな様相をとって現われようとも、常に自分自身を知っています。水底にさまざまな魚たちが住んでいても、それによって水が変わることはありません。水は水のままです。他のたとえをしてみましょう。あなたは口の中のさまざまなもの、つまり対象を味わいますが、それだけです。口にはそれ自体の味があります。

おそらく、あなたは物事の真のありようを完全に理解することはできないでしょう。なぜなら、あなたはまだ、あなたの外にそれ自体として存在するものは何もないということ、すべてはあなたの中にあるのだということを確信していないからです。あなたが見たりしたりすることはすべて、その瞬間に生まれたものです。ただ記憶が連続性という幻想を作り出しているだけなのです。「昨日も一昨日も私はここにいた」と主張するのは記憶です。

では、「この知識は甘美であり、私たちは同時にそれを味わうことができる」と言ってもいいでしょうか？

認識はそれ自身だけを知ります。認識はその周囲のものに気づいていて、同時に自分が気づいているということにも気づいています。

私にとって最大の障害は、瞑想して得る直観と、ひとたび日常の活動を始めるとそれをすべて忘れてしまうという現実との間に大きな違いがあるということです。ついには、そもそも何のために瞑想しているのかさえ、わからなくなってきます。瞑想をしてもその一時間後には、何もかも忘れて、また対象の中に埋没してしまうのですから。

問題はこういうことです。瞑想中、あなたは心が空っぽの状態を経験し、それを観照します。そこであなたが知覚するのは活動性の不在です。あなたは活動性の不在を知っていますが、まだそれを知る者を知りません。ひとたびあなたがこの知る者になると、心が能動的であろうと受動的であろうと、常に覚知そのものであり続けるようになるでしょう。そこにはいかなる違いも変化もありません。そのときから、この気づきはゆるぎなく確実なものになります。

瞑想中にあなたが経験する完全な無は、ある意味ではまだ一つの対象です。思考の不在は必然的にそれが結果として補われること、すなわち思考の存在を暗示するからです。ですから、たとえ活動性のない深い平安を感じても、その白紙状態、あるいは空っぽの心をあまり重視し過ぎないようにすることが大切です。真の瞑想は心が活動しなくなることではなく、心の活動と不活動の両方の「支え」なのです。空っぽの心そのものではなく、空になった心を知る者を重視していると、いつの日か、この虚無、あるいはこの白紙状態さえも消えて、あなたは究極の静けさに出会うでしょう。この静けさはどんな活動をしているときも続きます。

これまでずっと、あなたは心を静めようとし続けてきました。しかし、鳥がさえずったり、誰かが話したりすると、あなたの内なる静寂は破られてしまいます。ですから、あなたはそのような質問をするのです。本来、心は時々空っぽになるようにできています。しかし、それでもやはり、心は単なる道具に過ぎません。

瞑想中、他のことが気になって仕方がないときには、どうすればよいですか？

ただそのことを観察していてください。すると、まもなくあなたの注意は観察している対象ではなく、観察することそのものへと移るでしょう。あなたが注意、すなわち対象のない注意に「なる」のです。私たちは何かに対して注意を向けることに慣れているので、対象のない注意などというのはナンセンスのように思われるかもしれません。しかし、純粋な注意とは、いかなる方向へも向けられないものなのです。それはどんな対象にも焦点を当てません。また、いかなる記憶からも自由です。それは実に拡大された鋭敏さです。

音のことを話されましたね。もし音をまったく重視しないようになっても、私たちにはまだ音が聞こえるのでしょうか？

子どもが泣き続けている限り、あなたにはまだその声が聞こえます。なぜなら、耳の機能がそれを聞いているからです。あなたが音を重視しなくなったとき、つまりもはやあなたが音に注意を向けることも、それを選んだり名づけたりすることもなくなったとき、何が残るでしょうか？　あなたに内在する機能は働き続けます。それは振動です。特定の音は消え去り、純粋な聞くことだけが残るのです。

それは感覚を抑制するということではないのですか？

まったく違います。抑制は意志的なプロセスであり、深く集中する必要あります。抑制は結果を求めており、微細なレベルではありますが、主体と対象の二元性を維持しています。抑制を通してでは、決して無条件に聞くことができません。

もちろん、抑制によって振動、すなわち感覚の自然な機能を減少させることはできます。それは一種のサマーディ（三昧）、あなたがそこから出たり入ったりできる、一つの経験です。しかし、なぜあなたはそのような経験を追い求めるのですか？　サマーディとサハジャ（自然、生来）は何の関係もありません。瞑想という言葉はさまざまなテクニックを用いる数多くの伝統において、間違った使われ方をされてきたのです。

意識の中で顕現が起こるということですが、その意識は一つなのですか？

この観点に立つと、「あなた」、「私」などと言うことはできなくなります。「あなた」や「私」はそれぞれの性質を持つ心と身体として現れ、消えてゆくからです。しかし、それらはそれ自体としては存在しない記憶の集積に過ぎません。波も泡も海に他ならないように、分離したものは一時的な存在でしかないのです。

これらの記憶があるのはその人格のおかげではありませんか？

自分は「波」や「泡」だと思っている限り、あなたは真理を見ることができません。私があなたにお願いすることはただ一つ、それらと自己を同一視するのをやめてくださいということだけです。そうすれば、自分の本質、つまり「海」がわかります。

しかし、そうすれば今度は波が見えなくなるのではないですか？　自分は海であると知りつつもなお、波を見ることはできるのですか？

海の観点に立ったときに初めて、人は波や泡について語ることができます。なぜなら、そのとき、それらは真に波や泡になるからです。それらはもう、個別の実体を持たなくなり、孤立した、記憶の投影物でもなくなります。それらは全体性の現れとして、真の意義と関係を獲得するのです。

日常生活では記憶が必要なのではありませんか？

いいえ。記憶ではなく、常にその場の状況があなたに適切な態度をとらせてくれます。あなたはあらゆる記憶の所有者であって、記憶そのものではありません。あなたは今、因習や習慣のかたまりであり、あなたをそのようにしたのは社会です。あなたはそのことをわからなくてはなりません。それらの因習や慣習のすべてがあなたから消え去ったとき、あなたはわかるでしょう。それらは存在すらしない、この自我《エゴ》を保つためにだけ蓄積された防衛と攻撃なのだと。それから、真我が輝き出てきます。それを見てください！　聞いてください！　あなたはこの記憶ではありません。自分が無になる瞬間を知ってください。あなたはこの上ない自由を感じるでしょう。そのとき、すべてが可能になります。

記憶と自由との間に中間状態はありますか？

いいえ。中間状態はありません。今、私たちが話している静寂において、私たちは無条件に自由です。この静寂の中では、私たちは厳密に無です。記憶が介入してくるのは、「自分は何者かである」と私たちが思っているときだけです。私たちが無であるとき、すべてが可能です。この自由にはそれ特有の味があります。また、この自由は政治的、あるいは社会的観点の結果で生まれるものではなく、逆にそれらを生み出すものです。この経験が生きられないかぎり、政治的なものであれ、社会的なものであれ、他のいかなる自由もありえません。ただ独裁あるのみです。

この自由と恩寵は何か違うところがありますか？

自由は恩寵であり、恩寵は自由です。

この恩寵は永続しますか？

恩寵はこれまでも、これからも、いつもあります。そして、受け入れられるのを待っています。恩寵が確立されると、私たちはもうそれについて語らなくなります。さもなければ、それは概念のまま、とどまります。私たちに言えるのは、その瞬間、恩寵が真に生きているということだけです。恩寵の中にあることは理由のない喜びであり、安心です。このようにして時間のない瞬間に生きることには理由がないからです。

しかし、それについて聞くだけで実際にそれを生きられなければ、苦痛なだけです！

あなたが恩寵を生きることを妨げている唯一の障害は、あなたの苦痛という観念です。

この経験を一つの概念に変えると、つまりそれを対象化すると、とたんに私は真理から離れ、人生の混乱の中に戻ってしまいます。それはそうだと感じるのですが、なぜそんなことが起こるのか、理解できません。

真理にはもともと対象として現れる性質があります。しかし、その対象は真理から出てきたものなので、探求者は直観的にその源を知ることができます。真理を知った探求者は、もはや他のことに気を散らすことなく、真理に集中します。その現実の予兆がとても強く感じられるからです。そして、この洞察は手放しをもたらします。つまりあなたにきた道を引き帰らせ、純粋意識、すなわち努力せずにただ在ることへと導くのです。

6

自己の本質を知りたいと思う人はまず、「私はこれである」、「私はあれである」などという対象との同一視は間違いであることを理解しなくてはなりません。あらゆる同一視、あらゆる状態は一時的であり、それゆえに非現実です。「私」をあれこれのものと同一視することによって無知が生じます。人生のどんな場面でも変わらないものは何か、自問してください。すると「私は誰か？」という問いには何の答えもないことがわかるでしょう。知覚できるものとは違い、永続するものは主体と対象の関係の中で経験できません。あなたにできるのは、ただ、何が自分ではないかを公式化し、説明することだけです。根本的かつ永続的な自己が何であるかを言葉で表現したり、推論によって導き出したりすることはできません。いかに状況が変わろうとも、存在は非二元的かつ絶対的であり、不変であり、常に現存《プレゼンス》しています。

私たちが知る者を知られるものから切り離して考えると、それは純粋な観照者として現れます。知識と知る者が一体化してしまうと、もはや観照者の現れる余地がありません。

あらゆる想像は記憶に基づいており、非現実的です。しかし、予期せぬ出来事、想定外のこと、私たちを驚かせることはすべて生ける現実から湧き出てきます。快楽や満足の追求は苦しみや記憶から生まれます。ですから、何が起ころうとそのままの人生を歓迎してください。世界に重点を置かず、それに対する自分の態度を変えてください。世界や社会についてのあなたの考えは、自分は分離した自我《エゴ》であるという信念から生じます。完全な自分になってください。そうすれば、世界は変わるでしょう。世界とはあなたに他なりません。世界はあなたの中にありません。社会はあなたとともに始まります。

世界を変えようとするのではなく、まず世界に対する自分自身の態度を変えよということですね。以前、あなたは「存在は映画のフィルムだ。しかし、私たちはフィルムではない。私たちはフィルムを照らす光である」とおっしゃいましたが、それは今の話と同じことを意味しているのですか?

そうです。あなたはフィルムを変えることはできません。なぜなら、フィルムを変えようという試みはすべてフィルムそのものに属しているからです。

自己を肉体や個性と同一視すると、あなたはそれらに縛られ、依存することになります。私たちの感覚的な知覚は記憶でできていますが、知る者を暗示してもいます。私たちは知る者の性質をじっくりと調べなくてはなりません。それにはすべての意識を集中し、私たちの愛をすべて注ぐ必要があります。そうすれば、本当の自分は何なのかがわかります。それこそが、唯一のサーダナです。そして、真我《セルフ》の気づき《アウェアネス》を統合すれば自由になれます。真我はすべてをつかさどるからです。

意識の鏡の中にさまざまなイメージが現れては消えてゆきます。そして、記憶は連続性という幻想を生み出します。しかし、記憶は思考の一形態であり、一時的なものに過ぎません。私たちはそのような不安定な土台の上にさまざまな性質を持つ世界全体を構築しているのです。この幻想は私たちの視野を曇らせます。

進歩しよう、向上しようと努力すればよけいに混乱するだけです。外面的な部分だけを見ていると、自分は不動の状態に達したとか、自分にはさまざまな変化が起こっているとか、私たちは進歩しているから恩寵は目の前だとか思うかもしれません。しかし、実際には何も変わっていません。私たちは自分の持っている家具を並べ替えただけです。これらはすべて心《マインド》の中で起こる活動であり、想像の産物です。

本当にするべきことは、それよりもはるかに簡単です。なぜ、それをそんなにややこしくするのですか？　本来のあなたは、いつもここにあり、いつも完璧です。それを浄化する必要はありません。それは決して変わりません。なぜなら、真我には暗闇がないからです。あなたは真理を発見することも、それになることもできません。なぜなら、あなたは真理だからです。真理に近づくためにすべきことは何もありません。学ぶべきこともありません。自分は絶えず、本当の自分から遠ざかろうとしているのだと気づいてください。投影するために時間とエネルギーを浪費するのをやめてください。それらをやめて生きてください。怠けるのでも受動的になるのでもなく、清明で目覚めた意識で生きるのです。この目覚めた意識は、予想したり期待したりするのをやめると見つかります。これもまた、あなたにとってのサーダナです。

現実には改善の余地などありません。それは完璧そのものです。それなのに、いったいどうすれば、あなたは今以上に完璧さへ近づくことができると言うのでしょうか？　あなたが完璧さに近づく方法などありえません。

「私たちには映画のフィルムを変えることはできない」という考え方はあまりに運命論的過ぎませんか？

運命論的だと思うということは、あなたが自分をフィルムと同一視し、それに従っているということを意味します。しかし実際は、映画は続いていますが、あなたはそれを見ている人なのです。スクリーンから離れてみると、その映画の実像について、新たな見方をすることができるようになるでしょう。この包括的で無限の観点はもはや観点ですらなく、時空の中にはありません。そして、この観点から見ると、あらゆることが完全に同時に起こっています。ですから、変えるべきものは何もないのです。

前の話に戻りますが、先ほどあなたは「私たちの知覚が変われば世界も変わる」とおっしゃいました。なぜ、そんなことが起こりうるのですか?

完全に成熟し、自己は意識の中にあるとわかっている人は、社会規範による承認を必要としません。そのような人は、誰からもどんな邪魔もされずに、その状況で必要なことをすぐに行えます。もしあなたが自分の欲求に従って行動するならば、あなたにはまったく自由がありません。他方、もしあなたが状況によって求められていることをするならば、あなたは正しいことをしているのであり、あなたもその周囲のものも自由です。

行動したり、感じたり、考えたりするとき、賢者は自分を一人の人間であるとはみじんも思いません。自我がまったく存在しないからです。自我そのものは一つの考えに過ぎず、二つの考えが同時に形をとることはできません。ですから、対象についての考えが脇に追いやられたときにだけ、自我が生じます。それから、自我はこの考えが自分自身のものだと主張します。「私がそれを見た、私がそれをした」という所有感は事実が起こった後になって初めて訪れるのであり、事実そのものとは無関係です。このメカニズムが明らかになると、あなたにも「以前に現実だと信じていた同一視は幻想だった」とわかります。あなたは状況を支配してはいないし、それに隷属もしていません。あなたの本質は状況を超越しています。静かな気づきとは状態ではなく、その中ですべての状態やすべての物事が現れては消えてゆく、連続体です。無の状態について語るために、目覚めた状態で私たちが使う言葉は、この気づきを表現したものなのです。

あなたが知覚する世界は記憶や恐れ、不安や欲望などに基づいて作られた想像の産物に他なりません。これまでずっと、あなたは自分自身をこの世界の中に閉じ込めてきました。慌てて結論を出さずに、そのことを理解してください。そうすれば、あなたは自由になります。世界から自由になるためにしなければならないことなど何もありません。世界はあなたの想像の中にしか存在しないからです。

あなたが現実だと思っているものは、記憶から生じた概念に過ぎません。記憶は心から生じ、心は観照から、観照は真我から生じます。あなたは観照者、つまり土手に立って川の流れを見ている見物人です。あなたは動かず、変わらず、時間と空間の限界を超越しています。あなたは永久不変のものを見ることができません。なぜなら、あなたがそれだからです。

これまで自分で自分の周りに築き上げてきた観念や、他人があなたに対して抱いているイメージを助長してはなりません。誰にも、何者にもならず、社会の要請から自由であり続けてください。

社会のゲームに参加してはなりません。そうすれば、あなたはしっかりと自律できます。

ヴェーダーンタ（訳注：『ウパニシャッド』の別称。ヴェーダ聖典四部門の最終部門）では、世界と現実との関係をよく、蛇と紐にたとえて説明しています。私たちは片手に蛇、もう一方の手に紐を持っているのです。蛇はさまざまな対象からなる世界を表しています。そこには人々がいて、さまざまな考えや感情が渦巻いています。他方、紐は究極の現実、つまり静かな気づきを表しています。私たちが紐を蛇だと思わなくなれば、蛇という観念は消え去り、私たちは紐をありのままに、紐であるとみることができるようになります。真実が明らかになれば錯覚はその実体を失い、消えてしまいます。それはごく当たり前のことです。思考は幻想にとってなくてはならない部分です。ですから、思考が私たちに究極の現実を明かしてくれることはありえません。「在るということ」、つまり現存《プレゼンス》はすべての経験の源です。そして、それは経験する者と経験されるものという二元性を超えています。思考や知覚よりも気づきに重点を置いていると、私たちは筋神経系のレベルでも、精神的なレベルでも、だんだん深くリラックスしていきます。

自分が経験するあらゆる状態の生成消滅を、ただ淡々と観察していると、まもなく「どの状態、どの知覚、どの思考も無言の認識、すなわち在ることとしての認識に再吸収されていくのだ」ということがわかります。この連続体は、唯一の現実です。活動が始まる以前から、それはあります。この静けさを感じたら、そのたびにその中に深く沈むようにしてください。

現実が現れるのを期待してはなりません。なぜなら、それはいつも在るからです。しかし、出来事は現れたり消えたりします。出来事は皆、移ろいゆくものだということを決して忘れないようにしてください。あなたがしなくてはならないことはそれだけです。それを守れば、目の前に恩寵への扉が開かれるでしょう。「私は好きだ、私は嫌いだ」というような意見や反応が介入してくるとすぐに、あなたは個人的な習慣の中に陥り、自分の周りに網を張り巡らし、自分の本質を見失ってしまいます。期待や共感などの感情もまた、あなたを真我から引き離そうとします。あなたが抱く変化や進歩、改善や悪化などの観念はどれも部分的で個人的です。しかし、全体から世界を見ると、あなたの中で世界が変わるでしょう。あなたは世界なのです。

瞑想中に経験する、「思考からの自由」は私の本質に近いのでしょうか？　また、それはあなたがおっしゃる静寂と同じものですか？

いわゆる瞑想において、あなたはあらゆる意図や概念をなくそうと努めます。その結果、やがてあなたは客観的なものであれ、主観的なものであれ、いかなる思考もないスクリーンの前にいる自分を発見します。しかし、自分の中からそれらの思考をすべて追い払うと、今度は他のもっと厄介な考えが現れて、何の見境もなく侵入してきます。そして、またあなたはそれらを抹消します。確かに、こういうことをある程度長い間、訓練し続けると、心の活動は抑えられてゆきます。しかし、信頼に足る師に指導してもらわないかぎり、探求者にとってこの無のスクリーンは永遠に謎のままでしょう。私たちが今、語っている静かな気づきは思考の有無や言葉、能動性や受動性などをすべて超越しています。それらのものは心を超えた静寂、つまり思考からの自由も超えた静寂から生まれ、再びそれに吸収されてゆくのです。いかなるものもこの静けさをゆるがすことはできません。客観的な知識は、それに対応する肉体の感覚器を使って知覚されます。しかし静かな気づきにはいかなる手段も必要ありません。

人類にとって、戦争や争いは避けられないものなのでしょうか?

争いを起こすのは個人であって、人類ではありません。あなたの本質である一体性《ワンネス》の中では、いかなる争いもありえません。努力や競争、攻撃などに関わるのは人格だけだからです。「私はどれくらい自分の意見や習慣に支配されているだろうか」と自問してください。それらこそ、絶え間ない争いの原因です。自分の心の働きを観察してください。それがどのように機能するのかを見つめるのです。いかなる先入観も持たずに、じっと見つめてください。そうすればやがて、心の中にではなく、見つめるということの内に自己を発見する瞬間が訪れるでしょう。それに続いて、あらゆる努力が消えるとあなたは、自分が観察する者をも超越した輝く光であるとわかるでしょう。現実は心の産物でもなければ、思考の繋がり全体の結果でもありません。現実はただ、在るのです。知覚の中に本当の自己を見つけることは不可能だということに、あなたは気づかなくてはなりません。私たちが示唆することのできる方法はただ一つ、日常生活のさまざまな状況で、心がどんな反応をするのかを分析せず、ただ観察するということだけです。何らかの観念に合わせるために、自分の生活を変えてはなりません。以前と同じように生き、考え、感じてください。そして、それらのことを単なる機能として、ただ意識してください。そうすれば、あなたは自然にそれらのことから自由になってゆきます。それから、あなたが自分の個性だと思っていたものも消えてゆき、後にはただ観照だけが残るでしょう。最後には、この観照さえも究極の知識の中に消えてゆくでしょう。

予期せぬときに突然、何の理由もなく、過去とは無関係に波のように押し寄せてくるもの、根もないのに芽生え、花を咲かせることも色あせて枯れることもないもの、まったく緊張がなく、最も自然なもの、それが真我です。

7

あなたは「われ知る」（I know）を生きること、つまり認識そのものになることをまったく記憶できません。あなたが記憶できるのは、ある一定の時間に精神的な次元で理解したこと、つまり経験だけです。しかし、生《せい》そのものは時間や空間に束縛されません。それは経験ではなく、客観化することもできません。心《マインド》にまったく縛られずに生きることは、非二元的で純粋な在ることです。生を知っている本物の師は自分が教える内容を超越しています。真我《セルフ》を知ることは知識そのものになることであり、言葉だけではそれを伝えることができません。言葉とは真我という説明不可能なもののぼんやりした影にすぎません。ですから、決して言葉によるコミュニケーションにとどまってはならないのです。教えは弟子に新たな聞き方をさせるため、つまり考えや期待を抱かずに完全に自分を開いて受動的に聞くようにさせるための「口実」にすぎません。そして、この開放性《オープンネス》は聞く者自身の真の本質、すなわち静寂、究極の知識です。その指導は肉体的にも精神的にも決して固定化してはなりません。師が師であることから完全に自由ならば、指導は時空の中で行われるけれど揺らぐことなく、その本源である真の存在を指示し続けます。いわゆる師はいわゆる弟子を心と身体のパターンから解き放ち、彼が真の自律と究極の安心、および継続的な無の状態を見つけられるようにするのです。

客観的に物事を学ぶと、その過程はいつも断片的になってしまいます。しかし、グルは真理についての知識を全体的に伝えます。なぜなら、グルとその教えは一つだからです。師はただ目の前にいるだけで役に立ちます。なぜなら、師の現存《プレゼンス》は探究者に彼自身の現存《プレゼンス》を思い出させるからです。現存《プレゼンス》は師と弟子に共通したものであり、その中にすべての存在が現れます。それゆえ、意図せずして全体性を思い出させるようなものが生じ、弟子はそれに引き付けられるのです。永遠なるものは一瞬で現実の中に確立します。そうなれば、心身のエネルギーが再統合されるのも時間の問題です。

もし、私の理解が正しければ、つまりグルの教えは私たちの真我を指し示し、そうすることによってグルが目の前にいるときに起こることを私たちが頻繁に思い出せるようにしている、そして言葉は踏み台に過ぎず、対象のない静寂、すなわち充溢《じゅういつ》、あるいは真我を明らかにした後はすぐに消滅するということですね。

まったくその通りです。

グルがスピリチュアルな見解を述べているとき、私たちはそれをどのように聞けばよいのですか？

弟子はグルから伝えられたことをすべて完全に受け入れなくてはなりません。それは、これまでの考え方や思考方法、信念などから完全に自由にならなくてはならないということでもあります。弟子は完全に心を開かなくてはなりません。教えがなされている間、弟子の内なる本質は自分自身を感じます。なぜなら、自分自身ではないものがより明確になり、どんどん削ぎ落とされていくからです。

私たちの成就を妨げている最大の障害は何ですか？

私たちが可能性を実現しきることを妨げる主たる障害は、私という概念です。それは記憶や私たちがそこに属すると思っている社会的文脈などによって生み出された想像の断片に過ぎません。

確かに、望んでいた対象が手に入ると、無欲になる瞬間、つまりいかなる意図からも私や知る者、知られるものからも自由な一瞬が訪れます。「私」がこの経験は自分のものであると主張したり、それを「私は幸せである」という考えに変化させ、主体と対象の関係の中に持ち込んだりするのは、あくまでもその後です。「私」は決して現存《プレゼンス》しません。「私」は記憶からできており、記憶を使って存在しています。そのため、何かを経験している瞬間には、「私」も主体と対象の関係もないのに、記憶はこの驚きや無欲の状態を何らかの対象のせいにします。そうすることによって、記憶は私たちが対象の中に充足を求めるプロセス全体を強化するのです。

しかし、いつも自我《エゴ》が一体性《ワンネス》を破壊しているならば、いったいどこから成就や無欲の状態への欲求が起こるのですか?

自我がその源から少ししか離れていないならば、もう一度源を見つけたいと切望するでしょう。この探求は一体性と充溢の記憶から生じます。あらゆる経験は私たちの真の在り方である無の経験から発します。「私」もまた、その源の香りを漂わせています。私たちは無欲になった瞬間や深く眠っているときに源を思い出します。そのため、自我は常に葛藤状態にあります。つまりいつも自我は一体性の中で我を忘れたいと憧れると同時に、存在し続けるために戦っているのです。

驚きの原因として対象を思い起こすと、主体と対象の関係を助長することになります。そして、主体と対象の関係の中では「私」が王です。しかし、対象は対象のない状態を指し示すものに過ぎないと理解されれば、もう対象は重視されなくなります。そして、このことは奥深い目覚め、つまり全体性の予感を生みます。やがて、その予感も自我とともに消え、ひとりでに真我が明らかになります。

どうすれば自我の考えを捨てることができますか？

私たちの中には、錯覚による根深い信念体系があります。それは、対象や私たちの周りにあるものはすべて自分とは分離していて、自分の外にあるというものです。さらに私たちは自分を身体や感覚、心などと同一視し、私とあなたが分離した世界を作り出します。この私たちの信念を最大限に広げ、自分の感情や身体、思考などを、他の木や馬や鳥などのような対象として見ることは、初めのうちは非常に役に立ちます。そうすることによって、私たちと心身との非合理で密接な関係の間にいくらか距離を置くことができるからです。

やがて私たちは、自分の思考、「私」という考え、感情、好き嫌いなどは皆等しく、知覚の対象なのだとわかります。そして、この観点によって、私たちは自然に「自分は知る者である」と認識し、個人的な実体であるという考えはまったく無意味になります。

自分の周りのものを対象の集まりだとする考え方も変化するでしょう。対象はもはや、正確に言うと対象ではなくなります。このときから、それは知る者、すなわち意識の延長、あるいは表現となります。これは一瞬でとらえられた全体的理解の結果です。この経験は一歩一歩進む分析的過程とはまったく異なります。

このような理解はいつでも起こりうるのですか？

目覚めているとき、夢を見ているとき、深い眠りか目覚めようとしているときなど、いついかなるときでもこの瞬間的理解は起こりえます。この理解は、（そして、この理解だけが）あらゆるお決まりのパターンを消し、それらを全体に再統合します。

大部分の人は、注意とは何かに向かって集中すること、またはある対象の魅力に引き込まれることとしか理解できません。私たちの興味を引く対象を重視すると、そのことによって連続性の幻想が生まれます。しかし、無方向的な注意は対象が静かな平安、つまり究極の非二元的な意識の中へ溶け込んでゆくことを可能にします。そして、この意識はあらゆる見かけ上の二元性の背景です。

全体的な理解は瞬時に起こり、解釈や疑念の余地を残しません。この明瞭な視野のひらめきの中で、時間と空間は消滅します。長短や善悪の選択は、私たちが自己を物事の物質的な側面、つまり肉体と同一視していることによって起こる、概念的な過程です。しかし、理解はそれとはまったく異質であり、対立や相互補完性を超越しています。そして、この全体的な知識だけが、すべての条件づけを消し去ることができるのです。

スピリチュアルな問題といえば、神についてはどうお考えですか？

神は一つの概念です。

概念とは何ですか？

一つの観念、あるいは思考です。

では、思考とは何ですか？

視覚や聴覚、触覚などの記憶から引き起こされたイメージであり、一つの対象です。

思考はすべて、対象なのですか？

はい。「われ在り」（I AM）という思考以外はそうです。しかし、「われ在り」という思考は物質的な実体を持っていません。それは対象化できない、生そのものから直《じか》に湧き起こります。

どうすればそれを経験することができますか？

それは時間と空間を超えているので、経験することはできません。

私にも理解できるように、もう少し詳しく説明していただけませんか？

信念や観念、概念、つまりあなたにとって最も身近なもの、今この瞬間の自分の肉体的および心理的状態から離れてください。あなたの環境はあなた自身の身体、すなわちあなたの生命力から始まります。何が現れようと、それは現れた瞬間に、全体として受け入れられなくてはなりません（「受け入れられる」とは、そこに意志が関与しないことを意味します。私たちはここで、受容と拒絶という対語について話しているのではありません）。非難したり拒絶したりすることによって自由になることはできません。それどころか、非難や拒絶はあなたに重くのしかかり、あなたを拘束します。誰も選択する者がいなくなったとき初めて、あなたは事実を見ることができるようになります。そして、事実を通してのみ、あなたは完全な自由を見出せるのです。

あなたが攻撃的にも拒絶的にもならずに聞くと、耳のみならず全身がこの聞くことになります。そして、あなたを囲むすべてのものが、この包括的な聞くことの中に含まれてゆき、最終的には聞く者も聞かれるものもなくなります。そのとき、あなたは非二元性への戸口に立っています。あなたはすでに概念的なパターンを後にしたのです。それについて話すだけではなく、自分自身でそれを生きてください。

私の理解が正しければ、生とはすべての思考が終わり、すべての感覚が静まったときに残るものであるということですね。

あなたはすでに出来上がった思考パターンを持っています。生は決して対象化できない連続体であり、常に現存《プレゼンス》する「今」です。あらゆる思考や感情、感覚はこの生から自発的に湧き上がってきます。意識は思考や感覚の不在に依存していません。ですから、対象の不在を重視してはなりません。ただ意識と生の現存《プレゼンス》だけを重視してください。意識は思考や感覚があってもなくても常にあります。

その場合、私たちを取り囲む諸対象や世界とは何なのですか？

朝、身体が目を覚ますと世界が現れます。世界は五感で知覚され、第六感である脳によって思考されます。そして、対象には無限の形と名前があります、しかし、それらは意識の外には存在しません。禅の言葉で言い換えると、初めに概念の山々があり、それから概念がなくなると、今度は知覚の山々があるということです。（訳注：一四〇ページ参照）

「私」と世界との関係には何か意味があるのですか？

そこには何の目的もありません。神は完全であり、それ以上発達することがないからです。しかし、あえて目的について語るならば、世界と対象は究極の主体である「われ在り」を開示するためにだけ在るのだと言えます。

あなたにとって、神と意識は同じものですか？　私たちの本質は神なのですか？

そうです。二つのものはありません。何者かとしての私たちが存在しないとき、神が在ります。そして、この不在もまた神に属しています。神だけが在るのです。

8

私たちはここで、皆と会っています。しかし、実際には自分自身にしか出会っていません。人格と人格が出会うとき、そこにあるのは要求と依頼、そして自我《エゴ》がいつも感じている孤独と不安を克服したい欲求だけです。人格と人格、あるいは対象と対象の間では、いわゆる愛や奉仕でさえ、不安や安全への欲求から生じます。本当の出会いは、出会うべき人格がいなくなったときに初めて、時空の中に位置づけすることのできない場所で起こるのです。

私たちは互いの考えを交換して、その価値を知り、最も正しいものの見方を見つけようとします。しかし、私たちは決して自分自身を思考や投影と結びつけて考えようとはしません。基本的に、それは自分自身の消去をもたらす、より高度な推論方法だからです。それをすると、遅かれ早かれ、あなたは個人的な自己同一性《アイデンティティ》の存在する余地がなくなっていることに気づくことになるでしょう。それから、この生きた知より前にあったものはすべて完全に消去されます。そして、その後には葛藤も問題もない、深い内なる平和だけが残ります。そこには足すべきものも引くべきものもありません。この一体性《ワンネス》の中では、あなたと私の間にいかなる違いもありません。しかし現状では、あなたは自分の考えや感情、感覚などを知っているけれど、それを知る者のことは知りません。これが今、私たちの間にある唯一の違いです。

答えを出すのは自分が在ることを知っている者です。記憶から答えが出ることは絶対にありません。ありとあらゆる真の答えは、この生ける知識から直に流れ出てきます。集中し目覚めた意識で、その答えを歓迎してください。そして、忘れてください。語られた言葉の背後にある本質を質問者の中で目覚めさせるには、言葉を手放すことが必要不可欠です。グルの言葉について瞑想するときは、その言葉を心《マインド》で思い出そうとするのではなく、その言葉を生み出した真理によって、思い出すようにしてください。言葉の組み合わせではなく、言葉が生まれてきた源にこそ、変革する力があるのです。そして、その源によって言葉は命を吹き込まれます。グルの言葉をあなたに呼び戻してくれるのは、この源の感覚なのです。

それは、私たちが恋人と遠く離れているときに、彼女に会いたい、二人きりで静かな場所を散歩して、日常の活動から離れたいと切望するようなものですか？　私たちは愛に浸りたいという強い欲望を持っていますよね。

自分を肉体的な存在だと決めつけているのでなければ、まったくその通りです。

しかし、言葉を知性によって理解することも大切ではありませんか?

あなたが精神活動を続け、精神の次元で理解しようとするならば、真の答えはあなたを見つけてくれません。精神が消え去ったときに初めて、真の答えが目覚めます。自分の知っている知識をもとに言葉を理解しようとすれば、あなたの疑問は永遠に解決しないでしょう。また、私たちは記憶や過去に根差した問題と、二次的な情報とは無関係に今この瞬間に湧き上がってくる問題とを注意深く区別しなくてはなりません。このような創造的な問題は、それ自体がすでにその答えの種をはらんでいます。そのため、そのような質問をするとき、私たちはまだ答えを知らないけれど、答えがすぐそばにあることを直観的に感じます。

ここにいる人の多くには、その言葉の意味がまだよくわかっていないようです。しかし、あなたの周りには人々が何の疑問も抱かず、微笑んで座っています。彼らはどうなっているんでしょうか?

彼らは情動や状況に呑みこまれており、まるで自分が牛舎の中にいるように感じています。閉じ込められてみないと出口を見つけられない人もいるのです。いつの日か、彼らはこの状態を客観的に見て、自分は、つまり見る者は牛舎の外にいるのだと知るでしょう。概念や観念の中に閉じこもっている知識人たちも同じ過程を辿《たど》ります。その状況をはっきりと見る瞬間、見る者はこの檻《おり》の外にいるのだと彼らは知るのです。

理解は知性の中で明瞭に表現されなくてはなりません。明晰な知性はあなたを状況や投影の束縛から解放します。そして、ある点に達すると、知性はひとりでに「知る者になること」に取って代わられます。そして、あなたは自分が平静になっていることに気づくのです。

質問したり答えを聞いたりするときは、分析や評価、解釈などをしてはならないとおっしゃいましたね。それは知性の自然な働きを否定し、探求心のない受動的な状態を作り出すことだと思います。では、問うことと聞くことにおいて、厳密に言うと知性とは何なのでしょうか?

答えを聞くとき、答えは知性を通してやってきますが、あなたはそこにとどまってはいません。話すことは即、理解することになります。知性は言葉や象徴を理解し、それらが指し示す一種の幾何学的表現を明確にしなくてはなりません。しかし、それと同時に知性はみずからの限界を、つまり表現に制限されているということを知っています。そして、表現が消えると、後には本質だけが残ります。もう少しわかりやすく説明しましょう。もし私が「梨」と言ったら、あなたはそれを精神的または感覚的に表現することなくして、梨について考えることはできません。しかし、もし私たちが「深い平和」や「無条件の愛」について語るなら、あなたは自然と表現から離れ、あらゆる概念を消し去るあの感情を感じるでしょう。弟子がこの、あらゆる概念が消え、平和と愛だけが残る状態になれるように手助けするためにだけ、師は言葉を用いるのです。

では、問いがどんなものであっても、師は何とかして私たちを表現のない状態に戻すということですか？

はい。特定の状況下で、師は静寂であり続けることができます。その静寂、つまり「在ること」はいかなる表現も持たず、あれやこれという何かになることもありません。使われた言葉は心や感覚、感情などを超えたものを指し示します。おわかりのように、言葉があなたに与える影響は実にさまざまです。テーブル、フォーク、かばんなどの言葉は単なる表現にとどまりますが、妻、恋人、子ども、義父、戦争、死、祖国などの言葉はすべて、感情に強い影響を及ぼします。グルの言葉は表現や心理のネットワークの中には収まらないし、決してそのレベルにとどまっていてはなりません。グルの言葉は聞くことの中で消滅して初めて、影響力を持つのです。

では、もし人があなたの言葉を理解できなかったり、忘れてしまったりしたとしても、その言葉は、いくらかは有益だということですか？

あなたが言葉を思い出そうとも忘れようともしないとき、つまりあなたがその言葉といっさい個人的な関わりを持たないとき、言葉は効果を発揮できます。ある時点になると、その言葉の香りがあなたのもとに戻ってきます。ですから、思い出そうとせず、あなたが思い出されるのを待ってください。

では、もし私があなたの言うことをまったく理解できなければどうですか？

もし「私は理解している」と言うならば、あなたはまだ理解できていません。あなたはただ、言葉を自分の知的な枠組みと容量の中で解釈しただけです。理解は精神的なレベルでは起こらないのです。それは、知性を眠らせたり、受動的にしたりすべきだということではありません。それどころか、感情的、心理的な状態に陥らないためには、明晰な精神が不可欠です。

私が悩んでいるのは、スピリチュアルな道の指導者は当然、自分で自分について語るということです。それは師についてのジレンマだと思います。師の行いや教えが間違っているように思われるときは、いつも弟子の理解が足りないせいだと説明されます。そうやって、多くの偽預言者が大勢の聴衆を集めています。どうすれば私たちは偽者と本物の師を見分けることができるのでしょうか？　疑念や私たち自身の直観はそれを区別する重要な道具になりますか？

第一に言えることは、もし師が「あなたは……ではない」と言うなら、彼は自分と弟子を区別し、そうすることによって、自分自身を特異な存在に見せようとしているということです。いわゆる「師」は、あなたが何かを知らなくてもそんなことは重視しません。なぜなら、現実には知るべきことなど何もないからです。弟子は直接自分で情報を得るために、ある程度までは師を信じ、彼に従わなくてはなりません。そうすればまもなく、真理を発見したことを明らかに確信できるときがくるはずです。そして、自分が前よりもっと自律的になったと感じるに違いありません。もしそうならなければ、二義的な理由、つまり埋め合わせのためにそこにとどまっていてはなりません。

本当に疑うべきなのは、あなたが何の疑いもなく真理を知ったと思い、昔のパターンに戻ってしまう瞬間です。「誰が疑うのか？」と自問してください。そして、いつもその疑問を持って生きてください。

私には強い真理の予感があるのに、常に真理であり続けることはできません。なぜでしょうか？

自分が真理から離れる、ちょうどその瞬間に気をつけていてください。そうすれば、自分が真理から離れてしまうメカニズムや状況がわかります。あなたは自分が中心であると感じることに慣れ過ぎています。そして、その習慣はあなたをあなたの全体性から引き離します。あなたは小さな何かになるために、巨大な無から遠ざかっているのです。あなたは、現存《プレゼンス》を生み出す、自分の「不在」から遠ざかっています。

私は全体性を生きる瞬間を経験したことがあります。もし、全体性が完全な安心と成就であるなら、なぜそれは瞬時に私の習慣を打破しなかったのでしょうか？　私にはその理由がわかりません。

自分を対象化する習慣は根深いものです。「無」から「何者かになりたいという欲望」へ、つまり自己の拡張状態から自己中心化への移り変わりに気をつけてください。睡眠状態と覚醒状態のはざまで、この移り変わりをはっきりと感じることができます。自分の中で、つまりあなたの空の中で、心身やその習慣がどのように目覚めるのかに気をつけていてください。

では、全体性の瞬間までは、習慣は闇の中にあって見えないが、その瞬間を経験した後は、習慣はまだ習慣としてあるけれど、それが一つの習慣として見えるようになるということですか？

まったくそのとおりです。習慣が明るみに出るのです。

瞑想中、何か考えが湧き起こってきたら、それらをすべて追い払わなくてはなりませんか？　考えが湧き上がってきたら、どうすればいいのですか？　私たちはしばしば考えにとらわれ、それに押し流されてしまいます。

ああ！　またその質問に戻らせるのですか。それについてはもう何度も話したはずですよ。自分は夢の中にいるようなものだと思ってください。考えを追い払おうが、それらに身を任せようが、結局あなたが置かれている状況はまったく変わりません。あなたは主体と対象の関係の中に居続けるのです。そして、行為者が強化されます。

では、いったい私はどうすればいいのですか？

するべきことは何もありません。してもしなくても、まったく同じ結果になります。絶対にしてはならないのは、平静になろうとしたり、気を静めようとしたりすることです。

これまであなたは自分に注目してきました。つまり、自分が思考に押し流されているさまをすでに見てきました。ただそれを見るだけで、普段の思考パターンに費やされているエネルギーを現実へ向け変えることになります。すでにある程度の距離ができているのです。ですから、もし他の考えが起こっても、あなたはそれ以前とはまったく異なる態度をとるはずです。やがて気がつくとあなたはその全過程の外にいるでしょう。そして、最後にはどの思考にも先立つエネルギーの流れに気づくでしょう。「持つ」ことと「なる」ことの間の絶え間ない揺れ動きも消え、あなたは現存《プレゼンス》、すなわち「今」に吸収されます。そのとき、平和と静寂、平穏さがあります。しかし、静かになるべき個人的なアイデンティティは存在しません。

何年もの間、私は自分が思考にさらわれていくことに注目してきました。もしそれによって、エネルギーの移行が起こっていたとしても、私の生活には何の変化もありませんでした。だからなぜ、ただ注目しているだけで十分なのか、理解できません。もちろん、私の注目の仕方が間違っていたのでなければの話ですが。

注目するということは、見たことを心の日記に書き留めて忘れてしまうということではありません。そのときあなたはそれを一つの概念にしてしまっています。これまで、あなたは見ることではなく、事実を重視してきました。これは怠惰で受動的な方法です。注目するとは常に注意深くあることを意味します。見ることがあなたにどのように作用するか、見る者になるのはどんな感じかを見つめてください。すると、背景が重視されるようになります。そこで、エネルギーの移動が起こります。

日常生活を続けながら、それと同時に真に「存在する」にはどうすればよいですか？

あなたはまだ、日常生活を続けることと「存在すること」は別だと思っていますが、そうではありません。なぜなら、意識とその対象や行為や思考などは一体だからです。日常生活は意識の中に現れます。あなたはこの意識であって、日々、意識の中に現れてくるものではありません。自分によく聞いてみてください。「これらの物事は誰に向かって現れるのか？　誰がそれらを判断し非難するのか？　好きと嫌いの間を揺れ動くのは誰か？　しかも、現れてくるすべてのものにとって、必要不可欠な部分でもあるのは誰なのか？」と。

あなたは拒絶や受容、選択などを行う人格を知っています。あなたは自分が選択する瞬間も、しない瞬間も知っています。根源的なあなたはこれらすべてを完全に超越しているのです。
自分の中で、選択に巻き込まれている人格、つまりある一つの観点に立って機能している者と、決して選択をしない観察者とを区別してください。そして、もっともっと非個人的な観点に立って、生きてください。そうすれば、いつの日かあなたは、意図的にこの非個人的な現存《プレゼンス》の中にいられるようになります。そこに、いわゆる「日常生活」はしっかりと根を張り、豊かに生い茂るでしょう。そこにはもう恐れや欲望、心配などに縛られ、生命の自然な流れを阻害するような人格はありません。あなたの話から察するに、あなたにとって日常生活はただの重荷でしかないようですね。誰のせいですか？　その誰かを捨ててください。そうすればすぐに、背負うべき重荷など何もないとわかるでしょう。

欲求がなくても、世界は存在しえるのでしょうか？

世界はあなたの中に存在します。あなたは世界の一部ではありません。あなたが世界を生み出しているのです。いったい誰がそれを欲求しているのでしょうか？　あなたが世界の存在を欲求する理由はただ一つ、あなたが自分自身、つまり自我を確かめ、その存続を信じるためです。では、この欲求はどこから湧き上がってくるのでしょうか？　この欲求は、存在したいと思いつつも世界はつまらないと感じている誰かのために存在するのです。

ということは、世界の存在を求めることは、単に世界を求めることではなく、もっと深い何かを求めること、つまり「在ること」への欲求なのですか？

そうです。それこそ、私たちが望みうる唯一の望みです。それ以外の欲求はすべて、その代用品に過ぎません。

この存在したいという欲求は本質的なものなのですか？

そうです。

それならば、体系的にすべての欲求を消してしまってはならないのですか？

はい。それはだめです。欲望は一つの指標になるからです。一つの代用品からまた別の代用品へと移るとき、私たちは散漫になります。この散漫さをありのままに見つめると、欲望の方向性を見定めることができます。
あなたは自分の欲求をはっきりと見定め、実際にはそれが、「在りたい」という欲求であると気づきました。それは、あなたに識別力があることを意味しています。あなたは無条件に在ること、つまり父や役者、恋人や弁護士、大臣などにはならずに、ただ在ることをもう予感しているのかもしれません。在ることはそれらのすべてに先立つ源です。一度でもこのことを深く感じたら、あなたはもう、あれこれの者になるための努力をやめるでしょう。なぜなら、それは代わりの目標、あるいは投影、補償に過ぎないからです。では、あなたが何者かになることをいっさいやめたらどうなるでしょうか？　あなたはもう、いかなるものとも関係ありません。もはや過去も未来もありません……。あるのはただ、無、あるいは静寂だけです。時間と空間の中にこの静寂を位置づけることはできません。あなたは完全に現存《プレゼンス》しています。そしてこの観点から、在ることへの欲求が生まれます。

なぜこの静寂は続かないのでしょうか？

静寂は続いています。それは常にありますが、あなたがそれと決別するのです。

私は本当の自分を表現できるようになりたいです。

しかし、いつもそれを表現していたら、あなたではないものを表現することはできません。

私はいつも他人に作られた自分を表現しているような気がするのです。

なるほど。では、他人に作られた自分を捨ててください。そうすればありのままの自分になれます。自分自身を完全にさらけだしてください。後天的に身につけた性質をすべて消し去ってください。それらは本当のあなたではありません。それらは記憶によって植えつけられた多くの習慣に過ぎないのです。

庭仕事をしたり車を運転したりするとき、あなたはただ機能します。誰も「私は穴を掘っている」とか「私は運転をしている」とか言う者はいません。その瞬間、他人によって作られた人格はあるでしょうか？　まったくありません。人格はそれについて考えたときにだけ現れます。それは他の考えとまったく同じ、一つの観念です。その考えが起こる瞬間、つまり「私」が飛び出してきて行動を乗っ取る瞬間をよく見ていてください。そうすればあなたが何も努力しなくても、ひとりでに変化が起こります。

人生の大部分がより深い何かの代償に過ぎないとわかってから、私は自分の人生に興味を失ってしまいました。仕事や家族にさえ興味が持てません。昔のままの状況にとどまっていることが、とても不快です。私はゴータマ・シッダールタのように自分のすべての時間とエネルギーを存在の本質を発見するために使いたいのです。それには時間が足りないと思います。妻や職場の人は私の憧れを理解してくれませんが、もちろん、だからといって彼らを捨てていくことはできません。何かアドバイスはありませんか？

たった今までずっと、あなたは自分をカテゴリーの中に入れてきたということ、つまり自分を夫や父親、銀行家などであると考えてきたということを理解してください。なぜ、自分をそれらすべての機能と同一視するのですか？　なぜ、それに制限するのですか？　あなたがこの機械的な行動を本当に理解すれば、真の背景があなたの中に現れ、あなたからこれらすべてのカテゴリーとの同一視を一掃するでしょう。あなたは人生におけるすべての機能の背景となり、それらの機能はもはや型にはまったものではなくなります。そして、あなたの行動は記憶から自由になります。あなたには自分の行動がまったく初めてのもののように思われるでしょう。もう、閉じ込められている感じや制限されている感じもしなくなります。人生における、さまざまな役割はあなたの中にありますが、あなたがそれらの役割の中にあるのではありません。それらはあなたに属するのであって、それらがあなたなのではないのです。ですから、あなたがそれらの中に消えてしまうこともありません。

そして、このようになったときに初めて、明瞭なビジョンを持ち、創造的な行動をとることができるのです。

9

生きていると、この世に何の刺激も感じなくなったり、無関心になったり、自暴自棄になったりすることがあるかもしれません。そういうことが、現象を超えた真の自己を探す旅へと私たちを駆り立てることもあります。

どんな状況や活動にも興味が失せたとき、あるいはどんなものや人間関係にも喜びを感じられなくなったとき、ふと「この世の中はどこか間違っているのだろうか？　それとも世の中に対する私の態度のほうが間違っているのか？」と自問することになるかもしれません。この深刻な疑念は私たちをさらなる問いへと導きます。つまり「存在の意義とは何か？　人生とは何か？　私は何者か？　私の本質は何なのか？」という問いです。遅かれ早かれ、知性ある人は皆、このような疑問を抱くのです。

さて、私たちはこのような疑問を抱えて生きていますが、それらについてよく調べてみると、私たちのこなす数々の役割の中心にはいつも「私」があることに気づきます。たとえば、「私は寒い」、

「私は疲れた」、「私は働いている」というように。しかし、もっと心を開いて注意深く見てみると、寒さや疲れを感じたり、働いたりするのは肉体であって、「私」ではないことが明らかになります。同様に、さまざまな状態、たとえば「私は希望する」、「私は落ち込んでいる」、「私は思い出す」、「私は退屈している」などを見ても、私たちは自分をそれらの思考や感情と同一視してきたことがわかります。さらに、この「私」とその特徴づけとの関係をよく見ると、私たちは自己がこの「私」であることが当然だと思い、そう信じていたということも明白になります。

しかし、この「私」には持続的な実体がありません。「私」は錯覚です。「私」はその特徴づけや対象との関係の中でだけ生きています。そして、基本的に不安定です。それなのに、私たちはこの偽物を本来の自己だと錯覚してきました。そして、そのせいで不安や疑念、欠乏感、孤独感などを抱いています。「私」は対象との関係の中にしか生きられないので、私たちはこの「私」の果てしない不安感を埋めるために全精力を費やします。私たちは心配と恐れ、できるだけ個人としてありたいが同時にこの分離を乗り越えたいという欲求を抱いて生きています。この時々現れる「私」は連続体だと思われています。しかし、本当のところ、それは記憶によって集められた情報や経験のかたまりに過ぎません。「私」は断片的なので、好き嫌いによる断片的な働きしかできません。「私」とその周囲のものとの関係はこの恣意的《しいてき》な選択に基づいています。そのような存在の孤独は、代償的な行為によって一時的にならごまかせるかもしれません。しかし、前にも言ったように、遅かれ早かれ、私たちは自己の本質を強く感じるようになり、それに伴って私たちの疑問は差し迫ったものになります。そして私たちは、「自分は心と身体だと思っていたが、本当はそうではないかもしれない」と感じ始めます。より深く調べてみると、調べる者とその周囲のもの、活動、意見などとの間にはある一定の距離があることを感じるでしょう。ときには自分が人生の観察者、あるいはその光景を眺める傍観者であるかのように感じるかもしれません。私たちの心や身体は使うための道具です。成長に伴って心身の構造がどのように変化するか、私たちは観察します。それによって、私たちは自分の行動の(大部分とは言わないまでも)多くが機械的な反応であることに気づいてきます。これらの出来事はすべて、非個人的な観察者によって見られます。私たちはよりいっそう、これらの変化を知る者を身近に感じるようになり、変化するものと自分を同一視したり、変化の中に我を忘れたりすることが減ってきます。そして最後に探求者は、自分が探していたものは自分自身であったと気づくのです。

最後に「探求者は自分が探していたものは自分自身であったと気づく」とおっしゃいましたが、それはどういう意味ですか?

あなたは自分の本質を探しています。あなたが探しているのは今のあなたであって、あなたが将来になるものではありません。すでにあるあなたが答えであり、問いの源です。だからこそ、それには変革する力があるのです。それは現実、つまり実際に存在します。それに対し、なるべき何かを探すことは観念のレベルで行われる、まったく概念的なことです。それには何の現実性も、効力もありません。自分が探していたのは自分自身だった、自分が探し求めていたものは探求の源だったと探究者は気づくでしょう。

あなたがおっしゃるような深い不満感や自暴自棄をすべての探求者が経験するわけではないと思いますが。

確かにそうですね。みずからの過去のおかげで、自分の中に深く根づいた神聖なものを感じとれる人もいます。そのような場合には、動機は何もありません。マイスター・エックハルト（訳注：ドイツの神秘主義思想家。一二六〇頃～一三二八頃）が言うように、「神はみずからを探し給《たま》う」のです。

「過去のおかげで神聖なものを感じとれる人」と言われましたが、その場合の過去は何を意味するのですか？

それは過去生信仰の名残《なごり》をとどめる、詩的な言い回しです。もちろん、過去は存在しないので過去生もありません。自分が何者かだと思う場合にだけ、それは存在します。しかし、まだ生まれていないもののような感覚で生きている人もいます。彼らは生まれる前の自分の顔を覚えています。

真の自己を知ることは、いわゆる「超越的な知」なのですか?

私たちは決して自分の本質を知ることはできません。私たちにわかるのは「自分が何でないか」ということだけです。私たちは決して超越したものを知ることはできません。私たちにわかるのは既知のことだけです。形ある世界についての知識は真の知識ではありません。客観的な知識はその上に重ね合わせられた知覚や感情、概念などに過ぎないのです。真の知識とは「知識になること」です。それは対象化することも知覚することもできません。そして、この知識への欲求こそがあらゆる活動の背後にある動機であり、理由です。私たちはこの真の知識に気づいていないため、私たちの日常の行動は概して非常に散漫であり、そのため普通、私たちには自分をより良い理解へと導き諭してくれる師が必要なのです。

心と身体、それ自体には何の現実性もありません。それらは完全に意識に依存しています。そして、絶えず変化します。私たちにそのことを気づかせてくれるのは変わることのない背景です。心身が私たちの中で、つまり意識の中で現れては消えてゆくのであって、私たちが心身の中にあるのではありません。心と身体は私たちがそれについて考えているときだけ存在します。ゆえに、それらは非連続的にしか見えません。

この知識になることを対象化すると、つまりそれを心身の枠組みの中に入れようとすると、意識そのものが不連続であるかのように見えます。現に心理学者にとってはそうです。しかし、よく観察すると、それは疑う余地もないほどの間違いだとはっきりわかります。そのような間違いは、十分に探求できていないことを示しています。

目覚めているときや夢を見ているとき、私たちは対象と関わっています。深く眠っているときにはそうではありません。しかし、これら三つの状態は皆、純粋意識、すなわち連続体に基づいています。この連続体は思考と思考、知覚と知覚の間、あるいは深い眠りの中にあります。一般に私たちは形の不在を重視します。私たちは経験の客観的な側面を重視するのです。そして、客観的な側面から見ると、形は何か良くないものであるかのように思われます。でも、もし私たちが対象の不在を重視しなければ、その良い面、つまり純粋意識の現存《プレゼンス》、全体性を思い出せるでしょう。

私たちが自問する問いはすべて、自分の本質についてのものであり、その問いは存在の感情から湧き上がってきます。そうでなければ、私たちはそんな疑問を想像することすらできないでしょう。その疑問は答えそのものから自然に現れます。ひとたび静寂の中に我を忘れ、この真理の予感に身を任せると、探求者は自分こそがその真理なのだと気づきます。探求者自身が、探していたものであり、見つけられるものなのです。この発見は時間と空間に縛られません。それは瞬時に得られる洞察です。このことを理解すると、崇拝者はその活力や意志力をすべて失います。それと同時に彼の崇拝者としての存在そのものも失います。そして、彼は「自分は崇拝そのものである」とわかります。崇拝者も崇拝されるものもなくなると、一体性《ワンネス》が生まれます。そのとき初めて、私たちは自己を本当に熟知したと、つまり自分自身の真理と本質、真の中枢を知ったということができます。それは意識を一つのものについての知識に還元することではなく、逆に瞬間的で直接的な洞察が対象のない意識をもたらすことです。超越という言葉はその補足性や内在性を暗示しています。それらは概念です。生ける知識は概念ではありません。

もし主体と対象という関係がなく、関係を結ぶべきものも何もないならば、「関係」とは何を意味するのですか?

あなたにとって、あなたの周囲のものは一つのイメージ、あるいは一つの観念、もしくは一つの対象に他なりません。あなた自身も、あなたが自分と同一視している一つの観念、あるいはイメージ、もしくは対象です。ゆえに、あなたとあなたの周囲のものとの関係は二つの対象、あるいは二つの観念、二つの状態などの関係に過ぎません。このレベルでの行動はすべて、ただの反応です。それは感じがいいか悪いかで判断されるということからも、ただの反応だということがわかります。

しかし、時々あなたはふと気づくと無の状態になっていることがあります。そのとき、あなたは身体でも心でもありません。それは思考でも感情でもないので、精神的あるいは肉体的にそれを位置づけることはできません。あなたが定義や同一視、位置づけなどを完全にやめると、あなたと環境との分離はいっさいなくなります。私という中心がなくなると、すべてがあなたの無限の存在の中に現れるのです。この無の状態の中では、周囲のものはありません。なぜなら、私、あなた、周囲、外面、内面、名称、形などに投影するための基準にすべき中心がないからです。たとえば、木や花を見るとき、それらはあなたの感覚を通して現れます。あなたは「何々という種類のものだ」とそれを名づけて、それらを鑑賞します。最初の瞬間、身体を通した知覚があります。次の瞬間、心の中に概念が現れます。しかし、知覚と概念は決して同時には起こりません。そして、その両方が消えたとき、後にはあなたと木が共通して持っている、木の本質だけが残ります。それは愛です。それゆえ、科学者は知覚や概念にとどまるけれど、真の詩人はそれらを超え、木そのものにまで連れて行かれるのです。

名称と形は永遠なる背景から湧き起こってきます。この包括的な背景の中にしか、真の関係は存在できません。いったいどうすれば、個人の狭くて部分的な観点から真の関係を存在させられるでしょうか？　それは不可能です。関係は意識の中に現れます。意識の観点から見ると、あらゆるものとの関係だけが存在します。意識の観点に立たなければ、孤立と分離しかありません。

10

明らかに、スピリチュアルな探求はさまざまなレベルで起こりますが、結局、それらは同じ源、つまり知りたい、知る者になりたいという深い欲求から生じています。スピリチュアルな本質について語るときはいつも、このことを念頭に置き、相対的な違いにこだわらないようにしなくてはなりません。対話は常に究極の動機を指し示すべきです。質問するときはこの動機を目指すべきであり、質問の形をした反論をしてはなりません。

師と初めて出会ったとき、私たちのアプローチが正しいかどうかを知るために調べるべきことは何ですか？

ある教えと初めて本当に出会い、真理を感じると、あなたの全人生がまったく異なる方向へ進み始めます。自分がまったく新たなものの見方をしていることに気づき、以前より自立した感じがするでしょう。また、習慣や感情、決意などがより明確になるでしょう。また、思考と行動が再調整され、それらの間からばらつきがまったくなくなったことを感じます。このような変化は、その当人に変化を起こそうという気がまったくなくても起こります。この真理の予感は偽りのものをすべてきっぱりと消し去ります。そして、私たちはそれまで自分が自分を自分ではない何かだと錯覚していたことや、私たちのあらゆる思考や行動、成功と失敗という観念や現実と非現実という観念などは、この偽りの存在観念から生じていたのだということがはっきりとわかります。この新しく、非個人的な観点から見ると、非個人的な現実しか存在しません。個人は現実に対する二重写しとして現れます。それは環境によって生み出され、時間と空間に制限された一つの名前、あるいは一つの形に過ぎません。

真理を知るのに手がかりは何もいりませんが、それを想像することはできません。私たちはそれを考えることもできず、それを生きることしかできないのです。自律したい、つまり手掛かりに頼ることなく意識していたいという憧れは、意識そのものに根差しています。それはあなたの最も近くからの呼び声です。それは決して欲望の対象にはなりません。ひとたびあなたがこのことを理解すれば、これまで非現実なものに縛りつけられていたエネルギーが解放され、その根源である究極の自己、あるいは真理の方へ戻ってきます。

人生は苦悩に他なりません。世界は常に悲嘆に暮れています。このことについてあなたはどのようにお考えですか？

苦しみや悲しみを感じるのは個人です。この個人は喜びの不在を悲しみと呼びます。しかし、これらの相補的なものはいずれも意識の中で知覚された状態です。そこから、知覚されているものと知覚者は明らかに異なることがわかります。人格、個人、自我《エゴ》は一つの知覚対象に過ぎません。私たちは単に習慣と誤解のせいで、自分と自分の知覚対象を同一視していますが、それこそが私たちのあらゆる苦しみの原因なのです。

人格は快楽と苦痛の構造の中にしか存在しません。自我は絶えず何かを探し求め、別の何かから逃げ続けることによってみずからを維持しています。それは常に何かを選び続け、意図し続けながら生きているのです。そして、この一つ目の洞察から、私たちの意図や意志はすべて、自我という幻によって引き起こされた苦しみから逃れるためにあるのだということがわかります。選択したり、獲得したり、野望を抱いたりすることはエネルギーの不必要な投影です。

対象そのものには喜びも苦痛もありません。苦痛や喜びは完全にその背後にある人格に依存します。私たちは一つの状況にあるすべての要素を単なる事実として見ること、つまり状況を受け入れることができません。それは人格という幻が選択を行うせいです。私たちは苦しみます。しかし、苦しみや悲しみは私たちに「誰が苦しんでいるのか」だけを探求するように導く、強力な指針です。
この問題を探求したいという深い欲求を抱くと、重点は知覚されるものから究極の知覚者へと移ります。究極の知覚者の本質は快楽の有無を超えた喜びです。このようなことから私たちは、「苦しみは喜びに繋がる」と言うことができます。

真理の探求において思考は、どのような役目を果たすのでしょうか？

思考を分離した実体とみなすと、大部分の人がそうしているように、思考を攻撃や防衛のための道具として使うことになります。確かに思考は過去、すなわち記憶からできていますが、それは自分自身の限界をはっきりと自覚することができます。ですから、最終的に思考はその源である静寂、「在ること」に道を譲ります。思考は静寂から生まれ静寂の中に消えてゆきます。したがって、思考の機能とは、思考の生じた場所、つまり思考不可能な究極のものを指し示すことなのです。

自我は自分の存在を強化するために、いつも思考を乗っ取ります。しかし、思考よりも自我の観念のほうが深く私たちの中に根差しているのではないでしょうか？

自我は数多くある思考の中の一つに過ぎません。自我は記憶の、すなわち過去の産物です。自分は分離した実体であると信じて、自我はスクリーンを作り、その架空の存在や架空の連続性を脅かしそうなものすべてに抵抗します。この信念こそが不安や心配、分裂した行動などの原因なのです。

では、どうすればその幻想やスクリーンから自由になれるのですか？

自我は必死に生き延びようとして、蓄えた記憶にしがみついたり将来に欲望を投影したりします。そしてその結果、大量のエネルギーを使い果たします。蓄積、選択、同化などはすべて一つの地平で、つまり時間と持続の中で起こります。そのエネルギーは常にそれ自身に戻ってきて悪循環を生み出します。この動きや分散、あるいは過去と未来との間の振り子運動に巻き込まれずにいると、この習慣のパターンを維持していたエネルギーを休ませることができます。そして最終的に、私たちは自分を自由にしてくれる気づき《アウェアネス》を自覚できるようになります。そのとき、そのエネルギーは永遠の今の中に垂直に集まります。精神活動と無関係で、過去といっさい関わりを持たず、肉体的もしくは心理的な習慣がまったくなく、選択も反復も行わない気づきだけが、自発的な理解への扉を開くことができます。瞬間的な理解は間違いを消し去り、かつて間違いをおかすために使われていたエネルギーは間違いから離れ、「在ること」としての真理に統合されます。

できるだけ頻繁に、意識して静寂になってください。そうすれば、あなたはもう、あれこれのものになりたいという欲望の餌食《えじき》にはならないでしょう。また、日々の生活で起こる日常的な出来事の中に、全体の成就の背後にある深い意味を発見するでしょう。なぜなら、自我がまったくないからです。

絶えず戦略を立てているようなあなたの生き方やあなたが夢中になっているさまざまな期待は、不安と欲望のパターンから生じたものです。そして、それらはあなたが探し物を見つけるのを邪魔します。しかし現実には、あなたの探し物がなくなったことなど一度もありません。ですから、あなたが本来の状態にあれば、それを思い出すのに何の手がかりも必要ありません。なぜなら、何も忘れられてはいないからです。

思考と感情は海潮《うしお》のように満ち引きします。あなたはそれらを自分と同一視して、「私の思考、私の感情」と言います。肉体とは多少局在化した濃密な感覚の塊です。それと同様に、心《マインド》もただの思考パターンと感情の集まりです。しかし、あなたの身体と心は真我《セルフ》の現れに他なりません。あなたが存在するのは、あなたが純粋意識の現れだからです。あなたの本質は鋭敏で自分の中に現れるものすべてに気づいています。しかし、あなたは自覚的に気づかなくてはなりません。つまり自分自身が気づいていることに気づかなくてはなりません。あなたはすべてのことの究極の認識者です。直接的な知覚があなたをこの生、この存在に目覚めさせます。

論理的分析によって自分の本質を知ることはできません。しかし、日常生活の中で瞑想を開花させれば、自己の本質を成就します。

「今」を生きれば、常に創造的でいられるのでしょうか？

あらゆる潜在力はその内なる許容量に従って成就されます。しかし、私たちの潜在力はそのようなものではありません。人格という部分が介入しなければ、物事は自然の成り行きに従います。何も探さず、何もしていないとき、あなたは創造的です。あなたが意図的に何かしなくても、あなたの中で物事はひとりでに成就します。それが何であれ、一瞬一瞬現れてくるものにあなたのハートと知性のすべてを与えてください。消えてゆく一瞬一瞬を手放し、次の瞬間を歓迎してください。

確かに、すでに開放的になっている人の中では、何の努力もしなくても、物事はおのずと成就すると思います。しかし、私がその開放性《オープンネス》に達するには、ある程度集中する必要があるのではないでしょうか？　そうでなければ、「すべきことは何もない」というあなたの言葉は、受動的なあきらめになってしまうように思われます。

集中しているとき、あなたは既知の何かを期待しています。そして、既知のものは驚きを覆い隠します。しかし、能動的な受容においては、予想外のことがあなたに起こります。

私が「するべきことは何もない」と言うとき、それは投影するものが何もなく、行為する人もいないということを意味します。記憶を持たずに生きてください。何もしないことは、少しも受動的ではありません。それは最も注意深くなることであり、心身の準備ができていること、あなたに起こる人生をありのままに心から歓迎することです。この歓迎には運命論的な従属が伴いません。運命論的な従属には、まだ何かを獲得するという要素が残っています。しかし、何もしないことは歓迎のための歓迎なのです。歓迎、あるいは開放性は人生の本質です。

記憶によって引き起こされる思考と、自発的な思考があるようですね。

意図的な思考は既知のこと、すなわち記憶を利用して行われます。それに対し、自発的な思考は不変なる生命の源に根差しています。

遅かれ早かれ、自我が自己防衛のために発展させた思考パターンはその感情的な影響力を失い、全能なるものに再吸収されます。自我はその全能なるもののほんの一部に過ぎません。既知のものに関する思考で埋め尽くされた心は、全能なるものから湧き出る生命の流れを受容することができません。

記憶はどこにあるのですか？

概念的な記憶は脳にあります。それは具体化された知覚であり、名称と形態の認識です。概念と認識だけの中で生きているとき、私たちは抽象の中で生きています。抽象の中で生きるとは、知覚から離れ、断片的に生きるということです。そこに身体は含まれていません。しかし、物事を真に理解するということは、身体も含めて全体的に理解するということです。

また、有機的な記憶というものもあります。有機的な記憶は身体の細胞の中に保存されており、身体はその記憶を思い出すことができます。しかし、それは概念的な記憶と同じく、私たちを一輪の花の直接的な知覚から引き離し、その知覚を抽象化します。そのため、有機的な記憶を使ってもやはり、実際の身体による知覚から抽象化されたものの中で生きることになります。しかも、この有機的な記憶は普通、活動過多の知性、つまり欲求や知的思考などによって駆り立てられている知性のせいで麻痺しています。

記憶の影響を消すために、瞑想はどんな働きをしてくれるのですか？

真の瞑想とは、瞑想者も瞑想されるものもなくなること、つまり主体と対象の関係がなくなることです。この真の瞑想、あるいは時間のない気づきだけが、思考と記憶に基づいた、機械的な反応による束縛から私たちを解き放つことができます。この現存《プレゼンス》は――私たちがそれを望もうと望むまいと――それらの反応に費やされていたエネルギーを開放し、調整します。

永久不変の状態と瞑想状態との間にはどんな関係がありますか？

瞑想状態は私たちの本質であり、それを「一つの状態」であると言うのは間違っています。それはまさに実体であり、あらゆる状態の背景です。そこには期待も予想も、目標や結果への努力もありません。それは静かな現存《プレゼンス》です。瞑想状態の中と外を区別することはできません、ゆえに、肉体的にであれ、心理的にであれ、それを位置づけることもできません。それは時間と空間を超えて存在しているのです。

瞑想とは何ですか？　また、私たちはどのように瞑想すればよいのでしょうか？

まず、なぜ私は瞑想をしたいのだろうかと自分に問いかけてみてください。それについて考えてはなりません。答えを引き出そうとせず、何が現れようとただそれを見つめてください。決して意図的に瞑想してはなりません。あなたが学べるのは、瞑想とは違うことをやめることだけです。何かを消し去ろう、何かになろうという努力はすべて無益です。なぜなら、その試み自体が、あなたが消し去ろうとしているものの一部だからです。

全体的な理解、すなわち瞬間的な気づきは、あらゆる意図とその背後にある推進力を断ち切ります。誰も介入しなくても、対象や不安はひとりでに重視されなくなってゆきます。そして、静かな無が私たちの中に広がってゆきます。そこに瞑想と完全性、愛があります。この究極の状態には、愛したいという欲望も、愛されたいという欲望もありません。

あらゆる瞑想や崇拝の対象、つまりイシュタムルティ（訳注：サンスクリット語で「各自が敬愛する神の像」）は心が作り出したものであり、そこには神のさまざまな特徴が投影されています。そして、それらの特徴は情動を刺激することによって、私たちを主体と対象の関係の中に閉じ込めます。そのような像は、その崇拝者がもはや情動も像もなくなるまで崇拝されるものに完全に溶け込む場合にのみ、役に立ちます。

感覚や精神の諸能力は絶えず行ったり来たり、現れたり消えたりしているため、連続体である究極のものを経験するためにはまったく役に立ちません。究極のものは思考や感覚を超えています。あらゆるものは究極の現実を指し示す指示器です。ただし、私たちは対象をより一般的な形に戻さなくてはなりません。そのため対象の変わりうる性質を消し去り、その精髄、つまり私たちと一体であるその生ける現実をあらわにしなくてはならないのです。

源、すなわちイシュタムルティの精髄に達するには、形や理念を完全に捨て去らねばなりません。主体と対象の網にとらえられた多くの探求者は、気がつくと最後の対象、つまり白紙状態に直面しています。対象はすでに一般的な形に還元されていますが、その次はこの未分化の潜在力が一つの理解不能な対象になるのです。白紙状態はいつでもまた分化してしまう恐れがあります。この白紙状態を維持するにはある程度の努力が必要です。この微細な二元性にとらわれている人々にとって、白紙状態は心では決して説くことのできない謎です。二元的な条件づけを最も微細なレベルにまで下げることによってそれを強化してしまうと、探究者は自分で作ったその檻から抜けられなくなるのです。この難問を解決できるのは予想外の幸運な状況だけです。

その幸運な状況には、必ず師の現存《プレゼンス》も含まれていなくてはなりませんか?

必ずしもそうとは限りません。人生は驚きで満ちているので、中にはあなたを心の外へ引き出してくれるような状況もあります。たとえば、とても驚いたり感嘆したりしているとき、あなたは心の不在の中で、つまりあなたの完全性の中で生きています。なぜならそのときあなたは、主体と対象の関係の外へ連れ出されているからです。ただし、そのような状況は稀です。そして真の師もまた稀にしかいません。しかし、ひとたび真の師に出会うと、師は心の背後にある現存《プレゼンス》を刺激して目覚めさせます。まさに師の現存《プレゼンス》こそが、弟子の非二元的現存《プレゼンス》を目覚めさせる力を持っているのです。

師は意図的に行動することもありますか？　また、師が自分の力を使って自由を刺激し目覚めさせることもありますか？

心、つまり自我に属する力を使うし、それがどんな力でも、必ず弟子を弟子という役割に縛りつけることになります。グルの世界では、こういうことが実によく行われています！　しかし、人を束縛するような関係があるのは心の中だけです。心の束縛から自由なとき、人は自律して生きています。ですから、真の師の言葉や行動には何の意図もありません。

では、師は直接的に弟子を解放するのではなく、弟子が自分で自分を解放するように、しむけるのですか？

師は確かな非二元性に立っており、その現存《プレゼンス》や言葉を通して、弟子に弟子自身がこの難問を知る者なのだということを示します。弟子は「私は白紙状態を知る者なのだ」と確信すると、非二元的現存《プレゼンス》という新たな次元に対してオープンになります。この開放性の中で、それまで白紙状態を維持していた、凝り固まったエネルギーが消えてゆきます。師の言葉は弟子が何よりも憧れている自由から直にやってきて、弟子の中の自由を目覚めさせます。グルが弟子を自由にするわけではありませんが、グルは弟子を自由の入り口まで連れてゆきます。弟子は自分自身の自律性に取り込まれるのです。そのとき彼は、自分は何も成し遂げてはいない、自分は常に自由だったのだと感じます。彼は「白紙状態は心に属するものであり、自分は今もいついかなるときも、その対岸にいるのだ」とわかるのです。

「すべきこと、学ぶべきことは何もない。ただ、したことを取り消し、学んだことを忘れるだけでよい」と先生はおっしゃいましたが、それはただの言葉の遊びではないですか？　学んだことを忘れることもまた、一つの学びであり、しかも、単なる知識の獲得よりもはるかに難しい学びなのではないでしょうか？

本来の状態にある私たちは何も学ぶ必要がありません。間違って学んだことを忘れるためのいくつかの道がありますが、それは進歩していく方法であり、結局、新しい学びに他なりません。学ぶことや学んだことを忘れること、あるいはすることやしたことを取り消すことなどをすべてやめてください。自分が条件づけられていることを見るのに意志の力はまったく必要ありません。自分でないもののすべてを見ても、そこにその他の状態、つまり自分である状態は投影されていません。なぜなら、条件づけられていない状態について考えることは不可能だからです。しかし、偽りのものを見ていると、自然にそれをやめられます。そして、後には無条件の、理解できない、無の状態が残ります。それがあなたです。

ですから、直接的な方法は非常にシンプルです。あなたがただ見続けていると、残りの部分が自分で自分の世話をしてくれます。ちょうど私たちの機能の八十パーセントが自律的に行われているのと同じようなものです。

識別はどのように起こるのですか?

事実をありのままに見ることが識別です。ただし、事実を見るには識別する者が不在でなければなりません。そのため、判断は支配者、つまり判断を下す人格がいないときにだけ起こります。

どのような習慣が自我を強化するのですか?

物事に執着する、過去を振り返る、過去の経験やそのときの気持ちを思い出す、自我が継続するという安心感を求めて希望的観測をしたり幻想を抱いたりするといった習慣はすべて自我を強化します。人格は時間の中の幻想ですが、存在は永遠です。

あなたの本質は心と身体を超越しています。ですから、「私は誰か？」という問いには決して答えられないのです。その問いは決してあなたをとらえられません。あなたの本質について語る言葉がすべて消え去ったとき、あなたはすべてに答える静寂に気づきます。どんな方法であれ、自己を探すことはまったくの時間の浪費です。そして、このことはあなたにとって、完全に自明の事実となるに違いありません。こんな自明のことをいつまでも果てしなく問い続けるのはやめてください。生きることは時間のない「今」の中に見つかります。ですから、もうこれ以上、新しい方法を蓄積すること、つまり新しい瞑想法やリラックス法、自己浄化法などを覚えることをやめてください。このような状態や感覚、技術などの蓄積はすべて、虚栄に他なりません。それはまだ、安全と確証を追い求める人格に属しています。葛藤や問題は皆、心から生じます。心は自分の存在を正当化しようとするからです。あなたは突然そのことを理解するでしょう。そのとき、あなたは全体的な気づきを確信し、その中で自分が常にそれであったもの、つまり真我の計り知れない至福を意識します。

11

非二元的な状態では（実を言うとそれは状態ではないのですが）、知覚する主体も知覚される対象もありません。あらゆる状態は一時的です。状態は背景の中で現れては消えてゆきます。そして、背景は現れてくるさまざまな状態をすべて支えます。この連続体は究極の安心であり、はっきりとわかっていないと、私たちは行動によってこの無の状態の平和が生じるのだとすぐに信じてしまいます。したがって、その平和は自分の外にある何かのおかげだと思うことになります。しかし、自発的に起こる明瞭な洞察は、さまざまな状態を生み出すパターンをすべて消し去ります。また、その洞察は無の状態には何の原因もないこと、それはそれ自身によって存在することを私たちに教えてくれます。対象がなくなると、探求者もいなくなります。後に残るのは、初めからあったものだけです。この出来事を悟りと呼んでもいいでしょう。

これらの言葉は、方向性を持たずに耳を傾けたときにだけ十分にその力を発揮し、再統合することができます。このような聞き方は開放性《オープンネス》そのものであり、生きた瞑想です。このような聞き方において聞かれたことはすべて、直接的に究極の現実を指し示します。言葉や思考でそれを想像することはできません。しかし、生活の折々で、例えば驚いたり、感嘆したりして頭の中が空っぽになった瞬間などに、私たちはそれを感じます。

私たちの存在の真の目的は、条件づけなしにただ「在ること」です。それは喜びと自由と平和を約束してくれる、唯一の生き方です。人それぞれ、その人の性格によって、自分の条件を知る方法はさまざまです。どのような方法にせよ、大切なことは真我《セルフ》、すなわち連続体である生命は精神的、心理的経験や精神修養のレベルでは見つからないという事実を一時も忘れないことです。みずからの限界を知っているクリアな心《マインド》だけが心を超える道を開くことができます。心が混乱していて、何かを獲得するために努力し続けていると、たとえその心がどんなに鋭敏で、どんなに開放的でも、同じ構造の中で堂々巡りすることになってしまいます。そのような、いわゆる「漸進的《ぜんしんてき》な方法」のようなものはまったく役に立ちません。究極の現実について深く考察するということは弁証法の問題ではなく、断片的な知的理解を手放し、全体的な意識が目覚める余地を作ることです。この状態の経験を言葉で言い表すことはできません。それにはまったく概念的内容がないからです。それは時間の外にある私たちに呼応し、知覚を超えることで永遠としての正体を現します。

人間の本質は周囲から与えられた資格や条件には縛られません。そういった周囲のものから与えられた定義と自分を同一視するのをやめさえすれば、自分は唯一無二であり自由であるということがわかります。全体的で生きた自由は、自我《エゴ》のイメージのような、どんな概念にもあてはまりません。「私のイメージ」の投影は他の対象と同じく、単なる偶然の要素によって決まります。しかし、それはいつも変わることのない究極の主体、つまり純粋意識に依存しています。自由を奪われているように感じるのは架空の私だけです。架空の私が存在しなければ、自由の剥奪《はくだつ》も根づきません。

「私は誰か?」という問いは常に不均衡から生じます。誰にとって、世界が問題になるのですか? 誰にとって、喜びや苦しみ、好き嫌いが存在するのでしょうか? それは、社会によって作られた私という架空の存在にとってです。自我がこの事実をはっきりと理解すると、それらの問題はすべて消え去ります。悟りの中で、すなわち言葉や思考、表現を超えた「われ在り」(I AM)の中でこれらの問いの答えが見つかります。その探求によってあなたは既知のものを超え、既知のものの背景へと達することになります。ここで問いは答えとなり、その答えは静かな気づき《アウェアネス》に再統合されるのです。

自我はその願いに従ってさまざまな物事や状況を目指します。しかし自我の存在は、それを投影する心身に依存した、ただの陰に過ぎません。グルの前で、自我が拒絶されるわけではありません。しかし、グルがもたらす明瞭な理解は私たちから、自我が間違って私たちに与えてきた、さまざまな特徴を徐々に取り除いてゆきます。遅かれ早かれ、この明瞭になった自我はその本質であり、故郷である透明な現存《プレゼンス》へ再吸収されます。そうなった自我はもう、必要とされない限り現れません。

そして、もう二度と、それ自身のために光を盗むこともありません。

悟りは瞬時に起こりますが、心は徐々にクリアになっていきます。心がクリアになると、古いパターンが緩和され、エネルギーが解放されます。また、解放されたエネルギーはその代わりに明瞭な理解を刺激し、目覚めさせます。そして明瞭な理解は、何かを得るための努力をまったくしない生き方や期待、つまり何かが起こるのを待ち望むことによって生じる、緊張がまったくない生き方へと私たちを導きます。

師がスピリチュアルな見解を話すのを聞いているときは、すべてがとても明瞭で、何一つ問題がないように思われます。しかし、後になると、私たちは自分の真の中心から離れてしまうようです。それはなぜですか?

師が真理について話しているのを聞くとき、私たちの聞き方は完全に受動的です。つまり私たちは語られていることに対して、完全に自分を開いています。それには私たちの身体と内なる生命を使わなくてはなりません。しかし、その後で日常生活に戻ると、グルの話を聞いている間は抑えられていた古い自我のパターンが再び私たちを支配します。それらのパターンは障害であることを理解してください。そうすれば、自然にあなたはその行動領域から出てゆくでしょう。あなたが古いパターンに従わなければ、それらけあなたから切り離されます。また、そのことによって、あなたはちょうど賢者がいるときに経験したような自己の本質の中に再構築されます。そして、このような経験を何度も重ねているうちに、この段階、あるいはこの踏み石も消えてなくなります。

言葉や思考によって現実、つまり「物自体」をより良く理解することはできますか？

考えられないものを言葉で言い表すことはできません。言葉は自己中心的な経験主義のいいなりです。言葉はその基礎を意識に置いており、意識から出て意識へ帰ってゆきます。他方、自我の起源は「私は身体である」という心的イメージにあります。

自発的な思考にはまったく矛盾がありません。そのため、それは後にサンスカーラ（訳注：過去生での行為や経験の記憶。残存印象。生来の精神的傾向）、つまり残留物を残しません。美と醜、善と悪という二極対立を超えたところに、すべてを統一する意識があります。心でそれをとらえたり理解したりすることはできません。なぜなら、それはあらゆる概念を超越しているからです。

私たちは物事そのものを知りません。私たちが知っているのは、その現れだけです。物自体を知るには、現れという名称と形に過ぎないものを超えてゆかなくてはなりません。私たちが対象としての知識ではないその現実であるときに初めて、私たちは物事の現実を見ることができます。

私は完全に満たされた瞬間、何も足りないものがなく、何かを期待して努力することもない瞬間を何度か経験したことがあります。しかし、このような瞬間が終わると、私は余計に憂鬱《ゆううつ》になります。

自我は相互補完性の中で生きており、時々憂鬱になるので、その「憂鬱さ」を避けるために、その反対である快楽を求めます。しかし、憂鬱を避けることは絶対に不可能です。なぜなら、幸福と憂鬱はコインの裏と表だからです。あなたが経験した満ち足りた瞬間は、「私は自由だ」、「私は幸福だ」などと言えるような、主体と対象の関係の中にはありません。このように思考も夢も表象もない瞬間こそ、何も投影されていない私たちの本質、つまり完全性です。それは、経験する人も経験される物事もない場所で起こる経験です。そして、真にスピリチュアルな現実はこれだけです。何らかのテクニックによってもたらされるものであれ、経験や薬物によってもたらされるものであれ、あるいはよくある崇高なサマーディであれ、これ以外の「ハイな」状態はすべて現象であり、それらには客観性の跡が残っています。言い換えると、本当のあなたは状態ではないのに、経験できないものに近づくために次から次へと経験を追い求めるのは、時間とエネルギーの浪費だということです。

経験を起こそうとするのをやめ、全体的な理解に達するには、どうすればいいのですか？

おわかりのように、経験があれば、そこにはまだ、さまざまな状態を出たり入ったりするというパターンに縛られた経験者がいます。しかし、全体的な理解は突然の気づきであり、それらの状態を知覚する者は状態に影響されません。諸状態は知覚者の「中で」起こるのです。この洞察は瞬時に起こり、そのとき、私たちの理解を妨げていたすべての断片が無関心な観照者の中で明らかになります。

気づきは無理解が理解に変わるために必要不可欠な要素です。それは、私たちが何か（たとえば、語学や楽器の演奏など）を学び覚えるときのように、何かを蓄積した結果として得られるものではありません。それに先行するさまざまな要素が突然、一斉に現れ再調整されて稲妻が起こるように、あるいは磁石に引き寄せられた砂鉄が落ちるやいなや模様を描くように、気づきは瞬時に起こります。この突然のビジョンは、無理解の影をほんの少しも残さずに、それ以前の問題を消し去ります。この全体的な理解への再吸収によって、ふだん決まったパターンの中に閉じ込められていたエネルギーが解放され、究極の真理である一体性《ワンネス》への道が開けます。

12

自分を自律的な実体、つまり個人とみなすことは、私たちの条件づけにおける根本的な誤りです。この部分的な観点は理解を不可能にします。個人とは、ちょうど夢の中に現れるイメージと同じように、まったく実体も独立性もない架空の概念です。「私」という概念のレベルで私たちがすることはすべて意図的であり、意味づけされています。どんな行動であれ、個人という概念の影響を受けている行動は、私たちを悪循環の中に陥れます。このような状況では、私たちは行為者もしくは思考者であり、心理的関係によって、その行為や思考に縛られているからです。

選択を伴わない純粋に自発的な行動、つまり無限の意識の行動は、社会慣習的に道徳的か不道徳的か、あるいは肯定的か否定的かということとはまったく無関係です。道徳的な観点から発展した考えは、それ自体は分裂がなく、満ち足りているはずの行動を制限するだけです。自発的に行動が生じた場合、選択という形を借りた、その行動に相反する力はありません。選択があれば、選択する者、あるいは観点、行為者、思考者などがいます。しかし、本当に創造的な瞬間には、すべてが

「私」に干渉されることなく起こります。物事はひとりでに生じるのです。そして、そのような行動こそ、全体的な行動なのです。

まだ言葉や対象への執着などとして表現されていない欲求が湧き上がってきたら、私たちはまったく無関心なままで、そのことを意識していなくてはなりません。そうすると、そこにあった興奮や活力が観察者、つまりすべてを含み、自分自身以外には何も欲求することのできない「私」の中へ消えてゆきます。欲求の勢いはすべてはっきり感じられます。それは暗闇の中で、表現方法を探し求めています。私たちはこの欲求を、いかなる概念にも方向性にも結晶化させることなく、完全に意識していなくてはなりません。すると、この無方向的なエネルギーは私たちを対象のない自己の本質へと連れ戻します。ひとたび私たちがこの明瞭なビジョンに達すると、果てしない意識の究極の現実が何よりも明白に現れます。

真の生は生死や生成消滅を超えています。それを心《マインド》に還元することはできないし、それは記憶によって制限されません。私たちの惰性的な生き方は補償に過ぎないということを私たちがはっきりと理解すると、現象の中に隠れていた生が姿を現します。そして、この理解はその具体性を失い、静けさの中へ再吸収されます。既知のものの領域ではすべてが条件づけられ、分類整理されています。既知のものを超えると、果てしない発見があります。すべてが気《アウェアネス》づきを指し示しており、気づきの中で再統合されます。

恐れや不安は記憶や既知のものの手先です。感情的な関与は私たちを盲目にします。それは源から切り離された心理によって生み出された反応に他なりません。思想や理念は、絶え間なく更新されていくことからの逃避です。

対象は本当の自己を指し示す指示器だとみなすとすぐに、目の前に道が開けます。それは自己認識への出発点です。そのときから、人生はまったく違った意味を持ち始めます。師が勧める探求をしていると、私たちは直観的にこの自己認識へ導かれていきます。そして、いったんそのように方向づけられてしまうと、私たちは自然に自己認識の中で自己を確立するようになります。とりとめもない考えをめぐらしていたり、緊張し過ぎていたりすると、存在へは導かれません。存在の観点を直観することは私たちを啓発し、蓄積や努力によって得るべきものは何もないということを示します。すると、探求者はその原動力を失って消え去ります。すべての幻想が消え去るとすぐに、探求者は自分が探していた対象としての正体を現します。

心と魂と身体が一つになり調和のとれた真我《セルフ》が確立すると、究極の調和が生じます。そのとき、私たちの心身の器官全体がその幸福に浸ります。そして、喜びが押し寄せるとともに、あらゆる精神活動が静まります。この喜びの愛撫を少しでも感じたらすぐに、それに身を任せ、至福に至ってください。すると、対象はどれももはや、この喜び、この無限の平和、常に現存《プレゼンス》して私たちの日常の活動の根底にある、この現実の反映に過ぎなくなります。

一般に、私たちが日常生活の中で「意識している」と呼んでいる状態は真我の青ざめた影に過ぎません。真我、または現存《プレゼンス》の根本的な本質は二つの思考、二つの感情、あるいは二つの状態のはざまにある虚空で光を放ちます。一般に、私たちはこのような虚空を対象の不在、あるいは「意識の喪失」として無視しています。しかし、最終的に私たちは、たとえ対象が現存《プレゼンス》しても、この虚空を意識できるようになるでしょう。

真の問いとは未知のものへの開放性《オープンネス》です。それは条件づけをまったくせずに知覚、すなわち対象にそれ自身を表現させるということです。条件づけを行うのは一つの中心、つまり検閲する自我です。もし、この条件づけがなくなった瞬間に、私たちが無関心な観照者として触覚や聴覚と関わり続けることができれば、感覚への介入や制限がなくなり、感覚は静かな傍観者に再統合されます。そして、この再統合によって、対象や傍観する主体はあとかたもなく消え去ります。後に残るのは、本来の私たちである「在ること」、静寂だけです。

本当の自分、真我、私たちの全現存《プレゼンス》は時間と空間の中には存在しません。実存の次元では、私たちは生と死について語ることができます。それらは心が作り出したイメージです。しかし、本当の私たちは生と死を超越しています。私たちが誕生と言うとき、それは自我の誕生を意味しています。また、死と言うときも自我の死を意味しています。

あらゆる現象は時間と空間の中で展開します。これが実存の性質です。実存は時間も空間もない存在の中にあります。しばらくの間わざと思考を停止させておいても、それは概念化された自我による行為なので、自我を強化することになります。概念化しないでいようとすることもまた概念であり、実存への暴力です。対象化は本当の自分を見つけようとする私たちの道を阻止します。私たちにできることはただ、思考と概念の領域では決して悟りを得られないことをはっきりと知ることだけです。私たちの本質は対象化できません。「私」による努力は邪魔にしかなりません。私たちがこの手続きをやめると、すべての概念が消え去ります。そして、私たちは恩寵に包まれ、背景、つまり意識が私たちにとっての生きた現実になります。

真我とは静寂なる気づきですが、この静寂は概念や相互補完性を超えており、騒音の反対語ではありません。ゆえに、動揺をなくして静寂の状態になろうとしても、私たちは依然として葛藤の中にとどまることになります。それは私たちを対立と防衛、攻撃、獲得と拒否の領域に引き留めるのです。しかし、それとは逆に、私たちが動揺を受け入れると、つまり動揺を静寂の一つの表現として受け入れると、受容された動揺は消えてゆきます。そして、私たちは静寂と動揺を超えた真我の静寂に達するでしょう。あなたがまだ動揺の波長にとどまっているなら、自分の中から動揺をなくすことを願ってはなりません。むしろ、その全体に耳を傾けてください。すると、動揺は静寂の中に消えてゆきます。なぜならば、それは静寂に他ならないからです。

私たちが現在と言うとき、それは永遠の現在、つまり真我にとっての現存《プレゼンス》、精神や心を超えていて思考不可能なものを意味します。

探求者とは、欠如を感じている投影された自我だと考えられます。探求者はその全体性から切り離され、その緊張した状態から逃げ出そうと虚《むな》しい努力をしています。その探求が無駄であるとわかると、彼は探求をやめ、そのエネルギー、その推進力は静かな観察者に再吸収されます。自我に投影され求心的に動いていたエネルギーが遠心的になるのです。探求者はもう、探求を推し進める力の餌食ではなく、発見されたもの、つまり彼自身の本質に再統合されます。また、彼はその本質が常に現存《プレゼンス》しているのだと直観的にわかります。

結びついたり束縛されたり解放されたりできるのは、概念化された自我、対象化された私だけです。したがって、習慣や反応がなくなると、自由や隷属について語ることもできなくなります。

知る者を概念でとらえることはできません。ですから、知る者を対象化しようという努力はすべて、私たちが自分の本質である「在ること」という非二元的な知識を知ることを直に知覚することの妨げにしかなりません。

概念化や対象化はすべてエネルギーの投影であり、内も外もなくすぐ近くにある自分自身から離れていくことです。内と外、自由と拘束といった考えは単に心が考え出したものに過ぎません。したがって、そのような発明品はそれが虚偽だと判明すると、私たちが何も努力や訓練をしなくても消えてゆきます。あるのはただ、存在と知識と愛だけです。この生ける静寂から、実存の香りが漂ってくるのです。

どのような場合に、非二元性における恩寵を得られるのですか？

強く望んでいた対象を手に入れた、まさにその瞬間、自我が消えます。この瞬間、対象も自我も存在しません。これは観察する者も観察されるものもない、絶対的に非二元的な経験です。しかし、私たちはそれに気づかないので、それを見過ごし、遠くからその反響を心と身体で受け取ることしかできません。そして、私たちはその経験をあれこれの対象のおかげだと考えます。しかし、感情的、肉体的経験は現れては消える状態に過ぎません。私たちはしばしば、非二元的な経験とそれらの状態を混同してしまいます。しかし、非二元的な経験は主体と対象の関係を超越しています。厳密に言うと、それは経験ですらありません。なぜなら、それを知るにはいかなる手段も必要ないからです。私たちがそれをはっきりと知ったとき、私たちの中に一つの予感が目覚めます。それは精神機能の一つである記憶とはまったく無関係なリマインダー（何かを思い出させるもの）です。私たちの予感の源を辿ってゆくと、私たちは恩寵に対して自分を開くことになります。

知られる対象と知る者、つまり主体は一つのものです。もし、私たちがそれらを別々の実体とみなすと、自我という考えを生じさせることになります。ちょうど不安感と不安になっている人が同じ一つのものであるように、行為者は彼が働きかけている対象にとって、主要な部分です。私たちがこのことをはっきりと理解すると、「私」、つまり実験者の頑固さは選択のない透明な観察、あるいは静寂の中へ消えてゆきます。そして、すべての潜在能力が現れてくるのです。

世界の現実を問う方法はいろいろあります。私たちはそれをどう考えたらいいのでしょうか？

世界は現実であり、非現実でもあります。世界、すなわち自我の観点から見ると、世界は現実に見えます。しかし、全体的な観点から見ると、世界は制限されており、それゆえに非現実です。自分は世界の源なのだと意識が知ると、世界はきわめて現実的に見えるようになります。では、これらの二つの現実、つまり真我を知らない者にとっての現実と自分が何者かを知っている者にとっての現実の間にはいったいどんな違いがあるのでしょうか？　真我を知らない者は知覚できる世界を現実だと思い、それをパターンやシステム、思考や信念の中に制限してしまいます。これらは不安な自我を安心させるのに役立ちます。しかし、それは仮想の世界、不安で受動的で、活気のない世界です。自分が何であるかを知っている人にとって、世界は究極の知の一つの表現です。それは、本当の私たちである全体性から出てきたもの、全体性の延長なのです。世界は一瞬一瞬、再創造されており、常に新鮮です。世界はいつも、私たちが立っている観点に従って現れます。感覚にとってそれは形であり、心にとっては観念、真我にとってはすべてを一つに結びつける意識として現れます。真我は意識だからです。

次の禅語の真意もそこにあります。「初め、見ると山があった。次に見ると、山はなかった。その後で見ると、ただ山がある」(訳注：中国の禅僧、青原惟信《せいげんいしん》の言葉からの抜粋)。最初、山は対象であり、無知な者はそれを現実だと言います。次に山は対象とみなされなくなります。なぜなら主体と対象の関係が消えたからです。しかし、全体的な観点に立つと、山が再び見えるようになります。ただし、対象としての山ではなく、一体性《ワンネス》の表現として見えます。今や、山は全体性の中で現れるのです。

13

真の知識とは、「存在 - 知」（being-knowledge）です。知識という名に値する知識はこれしかありません。真理、つまり知識であることは主体と対象の関係に依存した通常の思考には属していません。通常の思考は既知のものから生じますが、知識であることは知識を持つことの領域の外にあるのです。それを「所有」したり、「獲得」したりすることはできません。ただ、そう在ることができるだけです。もし、すでに知っているものを投影すれば、私たちは自分で自分を悪循環の中に閉じ込めてしまうことになります。こういう態度では、未知のもの、つまり私たちの本質を明らかにすることはできません。新たな次元に対して開放的になってください。そうすればすぐに、投影のない状態、つまり静寂が訪れます。あなたはその中で現実に対して開放的です。それから、思考はその境界を失い、思考内容はその源である知識であることへと溶けてゆきます。

対象が意識の表現であると認識されると、その実体は知識、すなわち生ける静寂、平和、透明性の中へと消えてゆきます。この光は対象が現れる以前から、ずっとそこにありました。分割された相対的な知識は、分割されることのない意識の中で現れては消えてゆきます。このように、対象の現れは非連続的ですが、意識は恒常的です。客観的な知識は純粋意識、つまり全体的意識の中へ消え去ります。そして、遅かれ早かれ、あなたは純粋意識の中にしっかりと落ち着くことになります。

何をやっても、あなたは常に意識です。それ以外にはなりえません。自分は行為する者、あるいは思考する者、意志する者であるなどと思うと混乱します。しかし実際には、あなたは自分の行動のただの観照者に過ぎません。

たとえば、自分が昨日考えたことを思い出すとしましょう。そのとき、あなたはこの現在の思考を観照する者です。あなたが過去の考えを思い出すとき、それはまったく新たな思考であり、過去に展開された思考とはいっさい関係がありません。「私は、私が思い出しているという思考を観照する者なのだ」ということを認識すれば、あなたはもう、思考と観照者を混同しなくなるでしょう。

どうすれば思考の罠、つまり反復から逃れられますか？　言葉を換えると、創造的に生きるにはどうすればいいのでしょうか？

心《マインド》は自分で自分を変えることができません。そして、わがままな自我《エゴ》は心の一側面にすぎません。ですから、分析や選択、言い訳、説明、批判、推定などによって変化を起こすことは不可能です。ほとんどの場合、行動は恐れや不安、欲望などによって引き起こされた反応にすぎません。そして、それらは皆、万華鏡のように一定のピースを並べ替えることしかできない心の様相です。心は自我、つまり既知のことや記憶に支えられているからです。しかし、全体的な観点に立つと、あらゆる意志や意図が捨て去られ、後には静かな気づき《アウェアネス》、つまり全体的な現存《プレゼンス》だけが残ります。この静かな現存《プレゼンス》は、自我が作り上げたパターンから私たちを解放してくれます。それに伴って、私たちの目の前にはエネルギーに満ち溢れた、まったく新たな世界が開けます。

私たちは時間を過去、現在、未来という期間に分割します。しかし、私たちが現在について考えるとき、それはすでに過去のものになっています。本当に存在する現在は現存《プレゼンス》だけです。時間という概念は、思考が次々と続くことによって生まれます。しかし、静かな意識は私たちが考えていようといまいと、常に現存《プレゼンス》しています。もしそうでなければ、私たちはどうやって思考の不在について語ることができるでしょうか？

無方向的な気づきの中で私たちが間違いは間違いだとわかると、現実が生きた現存《プレゼンス》になります。そして間違いは消え、真理と現存《プレゼンス》が現れます。私たちはこれらを瞬時に経験します。

願望や選択がまったくなく、すべてが現存《プレゼンス》するこの気づきの中で、私たちは間違いの正体をはっきりと見ます。そして、一瞬の輝きの中で、真理が明白でまぎれもなく確かなものになります。真理が真理であると証明するのは真理自身であり、それ以外の証拠はありません。真理はまばゆく輝きながら現れて、誤ったものを消し去ります。

因果関係は日常生活でよくある思考方法の一つに過ぎません。私たちが原因について考えているとき、結果は存在せず、私たちが結果について考えているとき、原因はもう存在しません。二つのものは決して同時に存在できないのです。それと同様、主体と対象や好き嫌いも等しく記憶にすぎません。記憶は数多《あまた》ある思考の一つに過ぎず、それ自体には何の現実性もありません。私たちが過去について考えていようと未来について考えていようと、実際はいつも今なのです。私たちが知っている時間は、記憶に基づいた一続きの思考に他なりません。もし、記憶は単なる一つの思考なのだとはっきり認識すると、時間という幻想は私たちから離れてゆきます。

対象がなければ主体はありえないし、主体がなければ対象はありえません。そして、私たちが実際に知覚しているとき、主体はいません。後になって初めて、「私は見た」、「私は聞いた」などと私たちは言うのです。主体と対象は二つの別々の思考です。私たちは一度に一つの思考、一つの肉体行為、一つの感覚的知覚しかできません。思考や記憶、時間などは静かな気づきから生まれてきます。それらは常に現存《プレゼンス》する実体の純粋な表現です。一つひとつの知覚がまったく新しい世界であり、身体や精神はその一部です。新たな考えが生まれるたびに、新しく世界が創造されます。

私たちはしばしば心を制御しようとします。つまり、集中することによって心を鎮めようとするのです。しかし、明瞭なビジョンを持つとすぐに、集中することも散漫になることも等しく分裂した心に属しているのだということがわかります。心によって心を制御することはできません。集中は心を固着させるだけで、籠の中のカナリヤのように心を閉じ込めるだけです。しかし、静かな気づきは散漫さや集中を超えています。この光の中で見られると、心は努力をやめ、動揺しなくなり、生ける現存《プレゼンス》に道を譲ります。

たとえもし、私たちが集中することによって思考を停止させ続けることができたとしても、私たちはまだ葛藤状態の中にいます。このような方法で心が静まると、私たちは虚無感、あるいは静けさの感情を覚えます。私たちはそれを間違って、究極のものを手に入れたと思い込んでしまうかもしれません。しかし、対象、あるいは知覚の中には、私たちの真我《セルフ》は見つからないということを受け入れることが大切です。既知のものを調べても未知のものは見つかりません。もし、究極のものについて何か先入観を持っていたら、私たちはそれを見つけようとするでしょう。そして、その努力そのものが大きな障害になります。ですから、私たちはグルの言葉について瞑想し、その言葉の内容によって、対象的でない経験へと導かれるようにしなくてはなりません。もはや対象が私たちの注意の中心でなくなったとき、注意は対象を離れ、究極の主体に再吸収されます。この経験は、通常の主体と対象の二元的な関係をはるかに超えたものです。

私たちが抱えるあらゆる問題を生み出しているのは自我です。なぜなら、自我はすべての問題の根底にあるからです。師が私たちにこのことを教えてくれると、問題の創造主もその創造物も消えてゆきます。創造主が心の投影に過ぎないとわかると、後にはただ、私たちの本質だけが残ります。それは常に現存《プレゼンス》し、永遠に不滅です。私たちはそれを獲得することも成就することもできません。

この世の中にある問題はすべて、自我から生まれたものであり、私たち自身の問題です。それらはまるで波のように次から次へと寄せては引いてゆきます。それらの問題を解決するために選ばれた専門家たちは、そもそも誰がそれらの問題を生み出したのかということを無視して、変化を起こそうとします。そのため、ある一つの場所で変化が起こっても、また別の場所で問題が生じるのです。しかし、正しいアプローチでは、何が問題を生んだのか、あらゆる葛藤の根源は何なのかを私たちは見つけ、一歩退きます。非個人的で全体的な観点に立つと、自我は問題と一緒に純粋意識、つまり注意深い気づきの中に再吸収されてゆきます。その後にはもう何一つ問題はなく、再び問題が起こることもありません。知性と正しい行動が生まれ、長続きする変化が起こるのは、この全体的な観点に立ったときだけです。

ということは、意識の中で生きると社会的な葛藤を避けられるということですか？

葛藤が起こるのは、ひとえに私たちの観点が断片的だからです。断片はいつも不均衡な状態にあります。この状態を出発点にすると、より多くの断片、より多くの葛藤、より不均衡な状態を生むことしかできません。そのため、社会的な葛藤を解決しようとする社会学者や経済学者は、どうしても新たな葛藤を生み出してしまうことになります。実際は、個人こそ葛藤を生み出している張本人なのに、葛藤は個人の外にあると彼らは考えるからです。しかし、社会の観点からは何も変えられません。私たちが変えることができるのは、私たちの見方だけです。自分のものの見方を変えれば、私たちは自然に、変化をもたらす、役に立つ社会の一員になれます。

私たちが自我の断片的な観点を離れ、意識の観点である非個人的な観点をとるようになりさえすれば、葛藤はなくなります。世界そのものは、葛藤の原因にはなりえません。私たちが無から葛藤を作り上げるのです。自分は身体だと思っている限り、人はその身体の器官や機能、精神的な投影など、いわゆる「条件づけ」の奴隷です。しかし、もし、身体そのものには何の実体もないのだということ、言い換えると何の独立性もないということ、それは知覚者に完全に依存しているということを彼が認識すれば、やがて身体は一つの対象に過ぎないのだということも認識できるようになるでしょう。この認識によって、彼はもう自分が受け継いだ身体の共犯者となることをやめます。そして、自分は完全な調和であることを知るでしょう。この調和は非個人的な観点と一致しています。ここでさらなる展開が起こります。身体がその内なる智慧、つまり意識を発見するのです。そのとき、すべての行動が先入観や偏見のない、あらゆる状況や条件、問題にふさわしいものになります。

意識とは、火花が飛び出しては消えてゆく暖炉です。私たちは間違って、この火花と自己を同一視しています。しかし、それらは部分に過ぎません。二元性はこの暖炉から追放されています。

「社会を変えようとする者は葛藤を減らすだけではなく、どうしてもまた別の葛藤を生み出してしまう」とあなたはおっしゃいました。でも、その言葉はとても抽象的に聞こえます。実践的なレベルでは、他の変化よりも良い変化というものがあるのではないでしょうか？ ここにただじっと座って、社会というものは皆等しく人間的だとか、機能的でさえあるとか言っているわけにはいきません。私たち全員が悟りに至る前に、相対的な変化を起こす余地もあるはずです。そうでなければ、自己の探求はまったく利己的な生き方になってしまうように思われます。このことについて、何か話していただけませんか？

変化をもたらすことができるのは、明瞭なビジョンと深い理解だけです。ちゃんと事実を見ることができれば、変化が起こります。なぜなら、どんな状況にもそれに合った解決策があるからです。個人的な観点から見ている限り、あなたは事実を見ることができません。ですから、まず、自分自身の条件づけ、つまり自分の個人的な観点の奥底を知ってください。現実的な行動は決して個人的ではありません。それぞれの状況に非個人的に直面すれば、正しい行動ができるでしょう。

個人的な意志や選択のない立場に立てば、どんな状況が起ころうとも、それに対して完璧に直面できるとあなたはおっしゃいました。では、どうしてそうなるのですか？

選択を行わなくてはならないような立場に身を置けば、分裂が生まれます。出発点がすでに分裂していたら、そこからはさらなる分裂を生むことしかできません。逆に、選択をしない立場に立つということは、その人が現存《プレゼンス》するものを全面的に受け入れ、それに対応できるということを意味します。選択をしない立場に従った行動はすべて、生の一体性《ワンネス》に内在する調和から生まれたものです。生には対立や比較はありません。また、生の外には何もありません。それは過去、現在、未来という三つに分割された時間を超越しています。それは善悪の二元性や私たちが好き嫌いを言うような状況、肯定的あるいは否定的な反応を生むような状況も超越しています。そこで私たちは完全に記憶を失い、絶対的に不安定な状態におかれます。しかし、この不安定性の中に、私たちは永遠に続く安心を見つけるのです。

さきほどあなたは、「グルの言葉について瞑想し、その言葉の内容に導いてもらってください」とおっしゃいましたが、それはどういう意味ですか？　また、グルの言葉の内容はグルの現存《プレゼンス》と同じくらい重要なのですか？

私たちはグルの言葉を自分に完全にしみわたらせなくてはなりません。その言葉は真理から出ているので、言葉の構造が分解してしまうと、その後には、私たちが共通して持っているエッセンスだけが残ります。言葉の内容はグルの現存《プレゼンス》や私たち自身の現存《プレゼンス》と同じです。言葉を完全にしみわたらせるためには、言葉やグルといった表面的な「外側」を重視するのではなく、グルとその言葉が私たちの中でどのように共鳴するのか、それらがどのように私たちの目覚めを誘うのかに深く耳を傾けなくてはなりません。私たちはグルの言葉にしがみつくのではなく、それが溶けて、私たちの中で働けるようにしなくてはならないのです。

グルの言葉が私たちの中で働いていることは、はっきりとわかるのですか？　それとも、わかりませんか？

両方です。真に効果的な力はわかりません。なぜなら、それは知覚できないものだからです。しかし、私たちの中で、その言葉の影響が起こっていることは知覚できます。

14

意識がその対象と自分を同一視すると、主体と対象の関係が生まれます。そして、私たちは苦しむ者と苦の対象について語ることができるようになります。しかし、これらを知る者は対象ではありません。

あらゆる知覚は意識で感知された対象です。ですから、恐れも一つの対象、一つの知覚です。私たちが恐れを恐れと名づけるまでは恐れは存在せず、ただ、その直接的な知覚、その感覚だけがあります。しかし、ひとたびそれを「恐れ」と名づけてしまうと、私たちはその知覚との繋がりを失い、概念、あるいはラベルの中で生きることになります。なぜなら、概念と知覚とは共存できないからです。恐れは相対的な主体によって概念化されますが、この相対的な主体もまた、一つの対象です。この主体は自立した存在ではなく、与えられた状況の中でだけ存在しています。

自分を一つの人格とみなすことは、その他の多くの習慣と同じ、ただの習慣です。それは周囲と自分を区別したい、他とは違っていたいという欲求です。人格は一つの思考として形成されたときに存在します。ここから、人格は単なる記憶に過ぎないということがわかります。反復によって人格は拠りどころ、つまり自分の居場所を与えられます。しかしそれは、さらなる恐れや心配を生み出すことによってしか持続できない、不均衡な状態です。そして、この反復は「私にはお金がない」、「私は孤独だ」、「私は病気だ」というような、人格にとっておあつらえ向きの状況を引き起こします。反復は思考パターンを生み出し、その思考パターンは心《マインド》の中にインストールされ、循環的に繰り返されるようになります。人格はこういうことを絶対にやめられません。

おのれの源から切り離された自我《エゴ》は、すぐに恐れでいっぱいになってしまいます。私たちは苦を恐れながら生きています。人格とは苦に他ならないのです。まず、この苦を十分に感じなくてはなりません。苦を受け入れたときに初めて、私たちはそれを感じることができます。運命論的にではなく、客観的に事実として受け入れなくてはなりません。恐れとの心理的な結びつきがなくなったとき、つまり恐れを非個人的な観点から見られるようになったときに初めて、このような科学的な受容が可能になります。私たちが恐れを概念化しなければ、恐れは私たちから離れてゆきます。なぜなら私たちはもう、それを助長しないからです。明瞭な視野を持つ現存《プレゼンス》において見られると、恐れは滅びるしかないのです。

自我そのものには何の実在性もないという理解は、私たちの存在から直接湧き上がってきます。その理解は推論的なものであれ、精神的なものであれ、いかなる努力の結果としてももたらされません。それは瞬間的に生じます。そして、その理解は全体的な現存《プレゼンス》、全体性をもたらします。そこに恐れの入る余地はありません。

「あらゆる知覚は意識の中で知覚される」とあなたはおっしゃいました。それは、意識が知覚していること、つまり意識が機能していることを意味するのではありませんか？

知覚することは機能ではありません。だからこそ、知覚されるものは知覚することに直結するのです。意識とは知覚することです。あなたは知覚することを知覚できません。なぜなら、それはあなただからです。

「知覚されるものは知覚することに直結する」とは、正確には何を意味するのですか？

それは意識への最短の道です。対象がみずからを表現することをやめた瞬間、私たちは静かな知覚の中で生きています。そこでは見られるものも見る者もありません。それは非二元的なのです。

どうやって対象はみずからを表現することをやめるのですか？

芸術家は対象を探求します。そして、対象を重視します。対象は受動的であり、芸術家のビジョンは能動的で外向的です。一方、真理の探求者は見ること、受け入れることを重視します。彼は対象を対象そのものとしては探求せず、見ることの中に自己をしっかりと確立するために対象を使います。そのとき、対象は注意の中で展開します。つまりあなたを注意へと連れ戻すのです。芸術家は一時的に受動的になりますが、それにも、はっきりとした目標があります。芸術家は何かを探していて、それを見つけると捕まえておきます。しかし、真理の探求者はただ見ることの内に、自己を見つけます。

私たちを内部からむしばんでゆく不安感から解放されるには、どうすればよいでしょうか？

自分は行為者でも考える者でもないということを深く確信しさえすれば、もう不安を感じることはなくなるでしょう。不安になったり心配したりするのは、ある一つの対象、つまり不安な自我だけなのです。やがてあなたは、以前には夢にも思わなかったほどの強いエネルギーがあることに気づくでしょう。そして、あなたとあなたの周囲のものとの関係は完璧に調和したものになるでしょう。なぜなら、あなたはもう結果を追い求めることも、何かに見返りを期待することもないからです。あなたは状況が指示することだけを受け入れ、自然に最善の行動をとるようになるでしょう。

あらゆる行動は無数の要素によってもたらされます。あなたはそれらの要素の一つに過ぎません。自分が演じる役割は何なのかをあなたが理解しさえすれば、あなたを縛るのではなく、あなたを自由にするような関係に基づいた社会を人々とともに築くことができるようになるでしょう。

その理想的な社会に到達するには、まず、どのような生活を始めるべきでしょうか?

何よりもまず、誰も生きてはいない、ただ生があるだけだということを認識してください。生きている個人というのは間違った思い込みです。その思い込みは、対象の中に安心を求めるように、あるいは連続性の感覚を維持するように、そして生を試したり支配するようにあなたを駆り立てます。また、自分は自分の行動の行為者だという考えは、あなたが真に生きることを妨げる、唯一の落とし穴です。生は自由です。生に恐れはありません。生はその自然の成り行きに従います。自分自身を生に同調させてください。そして、それと一つになってください。

私たちは自分の心身の領域を知らねばなりません。つまり私たちは、それを変えようとすることなく、ただ自分がどのように機能しているのかに気づかなくてはなりません。これは、自分の日常生活から逃避しようとするのでも、それを正当化しようとするのでもなく、真正面からそれに向かい合うことを意味します。自分の思考や行動のすべてが、一つの中心から発しているということ、そしてそれらは選択を伴うのだということに、しっかりと注目しなくてはなりません。また、私たちは分裂した、選択を行う心の行動がもたらす結果にも注目しなくてはなりません。このようにして自分自身を知れば、社会は私たちと分離したものではないので、社会のこともわかるようになります。私たちが非個人的な立場に慣れてくると、さまざまな意見や好き嫌いなどで覆い隠されていた状況の中に、新たな局面が現れます。そして、これらの新たな物事は、事態の様相をがらりと変えてしまいます。

私にとってのサーダナとは、このようにして自分自身がどう機能しているかを知るようになること、生の事実に直面することなのです。

あなたがおっしゃることは理解できているつもりです。でも、絶えず私を悩ませている葛藤をどうすれば避けられるのかがわかりません。

自分はこれだとか、あれだとか考えると葛藤が生じます。これらの誤った同一視があなたを束縛するのです。あなたは過去、つまり記憶や自分が知っていることの中に答えを見つけて、問題を解決したいと思っています。しかし、その過去は経験からできており、経験は楽しみや苦しみ、希望、その他、自我のあらゆる幻想に基づいています。この欲求と恐れのパターンから、自分を解き放ってください。あなたの問題はすべてそこから出ています。現在の問題を解決する方法は、過去を調べることにではなく、現状の事実をできるだけ広い視野から見ることにあります。
自我とは記憶、すなわちあなたを制限する一組の定義に他なりません。あなたは自分自身が生み出したこれらのパターンをかたくなに信じて、機械的にそれらを反復しています。それらを維持し、まるでそれらが永遠であるかのように見せかけているのは、単なる癖に過ぎません。今、それらを永久に手放してください。

私たちが自我を持たずに生きれば、葛藤はすべてなくなりますか？

葛藤は常に誰かにとっての葛藤です。では、誰が葛藤の中に取り残されているのでしょうか？ご存知のように、緊張のない気づき《アウェアネス》、つまり無関心で、巻き込まれることなく、結果を追い求めることもないような気づきとは、全体的な気づきです。この気づきこそが、あなたが自己の中で物事を明瞭に見ることを可能にします。未来を操作しようという意図は皆、部分的な観点、すなわち自我の観点から生まれます。ですから、どうしてもその意図は葛藤を引き起こしてしまいます。しかし、全体的な気づきの中では、自我や自我の引き起こした葛藤は消滅します。過去、つまり知っていることや、記憶を参照して問題を解決しようとすると、あなたはしばらくの間、安らぎを感じることができるかもしれません。しかし、その満足感は虚構に基づいているので、長続きしません。あなたは暗闇の中で、葛藤を恐れながら生き続けることになります。自我と折り合おうとしている限り、平和が長続きすることはありえないのです。

ずっとそのような瞑想状態で過ごすことは、私にはできません。いつも他のことに気を取られてしまいます。本質から引き離されないようにするには、どうすればよいですか?

瞑想的な状態とは、存在の一つの状態です。それは、選択をせずに周囲のものや自分の中にある生に気づいていることを意味します。それは努力が必要になるような分裂した状態ではありません。これまで、文化や教育を初めとする、さまざまな社会的、経済的要素が私たちの心と身体を条件づけ、固定した精神パターンを作ってきました。そのすべてが、私たちの中で働いています。しかし、私たちはそれらと自己を同一視してはいません。私たちの真の存在は、これらの限界に制限されることも、影響されることもないのです。私たちの真の存在は完全に自由です。私たちがこのことを認識しさえすれば、まったく新たな次元が私たちの前に開けます。二元性が終わります。つまり行為する者と行為されたことは完全に消滅し、主体と対象の関係は跡形もなく消え去るのです。

「私は誰か?」という疑問が最も強く感じられるのはどんなときですか?

人生の危機によって、「私は誰か?」という疑問が呼び覚まされることがあるかもしれません。しかし、その疑問は後退、つまり物質的財産の喪失や知的な絶望などから生じるわけではありません。それは内なる自己から直接湧き起こってくるのです。それは時間を超え、何の理由もなく、いかなる努力にもよらず、湧き上がってきます。なぜなら、すべての動機は私たちに内在しているからです。

その疑問を抱いている状態によって、私たちの中の潜在能力がすべて解き放たれます。以前は、頑迷な自我があらゆるレベルで、これらのエネルギーの流れを遮っていました。しかし、現実性の予感がすると、私たちの中でそれらのエネルギーの解放が起こります。「私は誰か?」という疑問には感情的な興奮がまったく伴いません。そのようなものは、エネルギーを解放することや、無選択な気づきの中でそれらを統合することの妨げにしかなりません。存在したい、生ける答えになりたいという欲求は真我《セルフ》、つまり答えそのものから直接生まれ出てきます。ですから、「私は誰か?」という問いが心の中に生じることはありえません。それは記憶とは無縁です。すべての記憶は生ける問いに吸収されます。そして、生ける問いは現在の瞬間にしか生じません。覚醒は素早く起こるのでもなければ、徐々にゆっくりと起こるのでもありません。それは瞬間的な統覚です。一者（訳注：すべてのものの始源である本源的存在）は――それは私たちなのですが――時間を超越しています。

そのことを認識すると、心は恐れや欲求、つまり持つこととなることの間を揺れ動いていた欲求を失います。

それから、生きることは、あの輝く透明性になります。その透明性は自律的で永続的な成就として現れます。それは現存《プレゼンス》するすべてであり、目覚めている状態、夢を見ている状態、深い眠りの状態などは皆、その中で現れては消えてゆきます。

「生まれる前の自分の顔を思い出しなさい」という言葉で意味されているのは、どんな種類の記憶ですか？

生まれる以前の顔を思い出そうとしても、それはできません。そのことは、あなたをあらゆる表象、あらゆる記憶から解放します。この表象の不在において、あなたは自己、あなたの「在る」こと、あるいは自分の本質をかいま見ます。それは対象のない次元です。何者かであること、つまり一時的な誕生が消滅すると、私たちは本当の自分は決して生まれることも死ぬこともないということに気づきます。

したがって、生まれる前を「思い出す」には、私たちは記憶が消滅するように記憶を用いるのです。

でも、ワーズワースの詩にあるように、「私たちの誕生は忘れることであり、私たちの再生とは思い出すこと」だとよく言われていますね。

本当の自分をかいま見ることは、記憶を思い出すことではありません。それは再認識です。

深い眠りについて話していただけますか？　どうすれば、その状態で気づいていることができるのですか？

ある一つの状態の中に気づきがあるのではありません。さまざまな状態が気づきの中にあるのです。それらの状態を可能にするのは気づきだけです。深い眠りは真我の最も純粋な表現です。なぜなら、深い眠りは二元性の中にはないからです。いわゆる「深い眠り」は――時間について言うならば――長続きしません。そして、それに続くまどろみの中で、私たちはまた自分が主体と対象の関係の中に戻っていることに気づきます。

私たちは対象との関係の中でしか自分を知らないので、対象との関係の中で自分を見つけようと努力します。ですから、私たちは絶えず、選択や支配、整理、分類、条件づけなどをしたがります。しかし、これはとてつもないエネルギーの無駄遣《むだづか》いです。明瞭な気づきの中で、あなたは「眠る者も喜んだり悲しんだりする実体も存在しない」ということを知ります。あなたこそ、その明瞭な気づきであり、その中では対象は影響力を失ってしまいます。行為する者や意志する者は幻想であるということを深く理解すると、あなたは自分が行動や思考の後に続く完全な静けさの中にあることに気づくでしょう。あなたの眠りは新たな平和に満たされ、睡眠中の回復についての考え方も変わるでしょう。

何よりもまず、あなたはもう夢を見なくなります。なぜなら夢は、覚醒状態の延長、つまり起きているときに十分実行することができなかった防衛や、欲求不満などの続きに他ならないからです。もちろん、だからと言ってまったく夢を見なくなるわけではありません。あなたが巻き込まれることのない夢、あなたが純粋に傍観者となる夢なら見るでしょう。自分から何も介入しなければ、あなたは自分にとってちょうどよい時間の長さだけ、これまでよりもはるかに深く熟睡することができるようになるでしょう。

夜、布団に入るときは、日中の心配事を引きずらないように準備してください。心に何が浮かぼうと、それに巻き込まれることなく、ただ観察するのです。たとえばもし、疲れていると感じたら、ただそのことを見つめてください。そうすれば、あなたは自然にそのことと無関係になるでしょう。遅かれ早かれ、疲れはあなたの関心事ではなくなり、この気づきによって焼き尽くされて、消えてしまいます。あなたの心を占めているすべての心配事について同じようにしてください。そうすれば、あなたは調和を感じられるようになるでしょう。そして、最後に身体を深い眠りに沈ませてください。

朝、目を覚ましたとき、すぐに対象との関係の中に入っていってはなりません。昔ながらのパターンが戻ってくる前の瞬間に、しばらくとどまってください。それはあなたの真の存在です。何よりも先に深く気づき、その後で、あなたの気づきの中に自我や世界を生まれさせてください。

一般に、肉体疲労を感じる原因は、私たちが絶えず繰り返している反応にあります。自我を手放せば、あなたはもう疲れを感じなくなり、あらゆる決まりきったパターンから解放されるでしょう。なぜなら、それらにはもうあなたを捕まえるすべがないからです。それらの問題はひとりでに、あなたの中で解決してゆくでしょう。それまであなたを悩ませていたようなことに直面しても、あなたは以前よりずっと柔軟に対応できるでしょう。そして、それらを負担に感じることなく、それらは単に心のパターン、つまりいつわりの安心感を与える決まり文句のようなものであり、あなたが心底生き生きと感じることを妨げるものであるとわかるでしょう。

睡眠時間を短くしたほうがよいのではないでしょうか？　このように絶えず休息を求めることは、単なる補償作用なのではありませんか？

わざと睡眠時間を減らそうとすれば、自分に訓練を課すことにしかなりません。それはばかげており、私たちの立場からすると、まったく無益です。身体の欲求に従って、普通に眠ってください。身体は身体が何を求めているのか、あなたよりもよく知っています。

自分が巻き込まれることのない夢について話されましたが、巻き込まれることのない夢と普通の夢とでは何が違うのですか?

前にも言ったように、夢とは覚醒時に十分に生きられなかった反応を消去する手段です。夢を見ている状態も目覚めている状態も、あなたは諸対象の中でしか自分を知らず、本当の自分自身を知らないという点では同じです。夢を見ているとき、あなたにとって対象は現実的です。そして、目覚めたとき初めて、「私は夢を見ていた」とあなたは言うのです。しかし、あなたと夢の中のリンゴの関係も、あなたと現実のリンゴの関係も、主体と対象の関係であることに違いはありません。

巻き込まれない夢、つまり単にその日の名残からできた自発的な夢の中には、主体としての自我が存在しません。そして、このような夢だけが、あなたの全体的な存在への入り口となる重要な夢なのです。

時々、眠りから目覚めて、昔ながらのパターンを取り戻すまでの間に、現実の中に存在することを瞬間的に感じることがあります。その感覚はあなたがこの、分析を超えた現実を理解することを可能にしてくれます。目覚めた状態でこの現実を生きることは、ちょうど主体も対象もない、巻き込まれることのない夢を見ているのと同じようなものです。

対象に対してではなく、本来の自己に対して目覚めるということを話されましたが、私にはそれが理解できません。私にとって、目覚めることはただ一つ、諸対象が戻ってくることだけです。

私が話していたのは、諸対象からなる日常の世界に目覚めることではなく、自分の本質に目覚めることです。それは私たちにとって、今ここで唯一の関心事です。

自分は人格ではなく、この気づきなのだということが徐々にわかってきます。そして、そのことはどんどん鮮明になってゆきます。私たちが真に目覚めると、かつて「目覚めている」と呼んでいた状態もまるで夢のように思えてきます。

この非二元的な経験を日常生活で目覚めているときに感じることはできますか?

はい。その経験はまったく予想していないときに起こります。突然、私たちは手放すことを感じるのです。もはや私たちは外的な状況に行動を強いられません。不意に私たちは気づき、心が落ち着いて静寂へと帰ってきます。この瞬間を過ぎ去らせてはなりません。また、それを単に対象がないことだと思ってはなりません。しばしば、たとえば思考や行動が起こる前、あるいはそれらが終わった後などに、あなたはこの静かな瞬間にいざなわれるでしょう。行動は自分の中にあり、自分が行動の中にあるのではないと感じると、行動している最中でも静かな瞬間に強く誘われることがあるかもしれません。そういう招きによく注意していてください。

気づきについて説明することはできますか？

いいえ。気づきを生活の中で表現することはできます。しかし、それを言葉で言い表すことはできません。もともと自発的に起こった行動もすべて、やがて時間と空間の中に現れ、その行動をやり遂げるために知性を求めます。あなたがまったく存在しないところでしか、全体的な現存《プレゼンス》はありえません。

ごくわずかですが、非常に明晰な知性を備えており、あなたが言われたような真理を幾何学的にはっきりと表現できる人がいます。彼らはそのような人生をしばらく送ったのち、悟りを開くかもしれれません。しかし、私の出会った師の大部分はここに縛りつけられています。このことについて何か話していただけますか？　本当に自分の本質を知っている人と、単に知的に知っている人を探求者はどうやって区別したらいいのでしょうか？　知的な導きは役に立ちますか？　また、そのような罠を避けたり、そこから抜け出したりするには、どうすればよいのでしょうか？

はい。確かに彼らは理解することを概念化しており、理解する存在になっているわけではありません。そこから抜け出す唯一の方法は何が起こっているかに気づくこと、つまり自我を持たずに謙虚かつ単純に起こっていることと向き合うことです。

師が知的に理解していることを日々の生活で実践しているかどうか、探求者は観察することができます。しかし、探究者が以前より独立しているか、それともよりいっそういわゆる「師」に縛られているかという点こそ、真の試金石です。

インドにはウパグルと呼ばれる指導者の集団がありますが、彼らは弟子たちに究極のグルになるための準備をさせます。

「自分が意識であるかのように、すでに悟ったかのように生きてください」とおっしゃいましたね。でも、このアドバイスには大変危険があるのではないでしょうか？

私がそう言ったとき、その言葉はあの瞬間に属していました。私は理解することを生きることに変えるため、あるいは「私は自由ではない」という考えを消し去るためにあの言葉を使ったのです。それはあの瞬間、弟子を教育するために現れた言葉なので、私はもう正確には覚えていません。もちろん、突き詰めて言うと、自由も不自由も概念に過ぎません。しかし、「自由であるかのように生きてください」と言うと、とても衝撃的です。それは自発的な行動、つまり行為者なしの機能を呼び覚まします。

15

静寂とは、平和な心《マインド》のことではありません。平和な心は何らかのものですが、静寂は無だからです。心が一時的に静まることはありますが、それは静寂ではありません。ひとたび私たちが心を超えた静寂に目覚めると、心はもう動揺しなくなり、その機能、すなわち動きに還元されます。この動きは静寂に微塵《みじん》も影響を与えません。静寂の中ではもはや心は機能しないというのは間違っています。確かに、非常に驚いたときや驚嘆したとき、予想外のものや未知のものに直面したとき、望んでいたものを手に入れたときなど、思わず心の動きが止まる瞬間があるかもしれませんが、動くことこそ心の本質です。機能することもしないことも心に属していますが、それらは機能ではない静寂の中で、現れたり消えたりするのです。

動揺は欲望から、つまり源から分離し、孤立することをやめたいという欲望から生じます。苦悩の中で、個人としての私は考えられる限りのあらゆる手段を使って快楽と安心を得ようとします。それが最終的に求めているものは喜びです。快楽や満足を感じる瞬間は、究極の成就の反映です。

しかし、それはまだ時間と空間に制限されています。それらの瞬間は一時的ではかないものであり、そこには常に孤独と虚しさがよみがえることへの恐れがあります。

ひとたび自分はただ既知のものを探し求めているだけであり、その欲望は条件づけられていることと、そして自分の真に求めているものは永遠の安心と穏やかさなのだということに気づくと、自我《エゴ》は現象的な物事の中に自己を見出そうという活力を失います。そして、その欲望の背後にあったもの、すなわち自我、あるいは心が露呈します。私たちは驚きに包まれ、この驚きの中で散漫な活動はすべて消えてしまうのです。

思い煩うのをやめるにはどうすればよいですか？

そのような考えは過去からの蓄積であり、頼まれもしないのに勝手に現れてきます。もし、それらの考えを遮ったり、コントロールしたりしようとすれば、かえってそれらを助長するだけです。コントロールしたがっている人格は、彼がコントロールしようとしている対象と同じ性質のものだからです。私たちが介入しなければ、思い煩いは重視されなくなり、私たちの静かな観察の中に再吸収されてゆきます。

向上してゆく道（一歩ずつ悟りへ向かう方法）と、あなたが話している方法を何とかして両立できませんか？

どのような段階であれ、ある段階になることによってよく聞くことができるようになるわけではありません。ですから、ある段階に達するため、あるいは一つの段階から次の段階へ進むために努力することは、まったく無駄です。

私たちはすでに知っていることを探し求めているだけなのだと気づくにはどうすればよいのですか？

探し求めているとき、私たちには目標があります。つまり私たちは結果を求めているのです。その目標は既知のものに基づいています。ですから、それは未知のもの、まったく新たなものに対して、私たちが完全にオープンになることを妨げます。

思考はすべて記憶であり、常に感覚を通して表現されます。また、思考は時間と空間の枠組みに依存しており、現れたり消えたりするので、断続的にしか見えません。しかし、この枠組みは時間や空間を超越した連続体、すなわち生と死を超えて永遠に存在している私たちの本質に完全に依拠しています。
真・善・美の理想《イデア》は私たちの故郷から直接湧き出てきます。そして、その表象はいかなる既知の表象からでもなく、静寂そのものから直接湧き上がってきます。創造的な思考と同じく、これらの原型も既知の現象からではなく、認識者であることから始まります。それらは心から生まれるのではなく、存在の確信から生まれるのです。

では、もし私たちがそれらの理想を持ちつつ生き、しかも、それらを表現したり、真・善・美についての一般的で移ろいゆく観念に還元したりすることもなければ、それらは私たちを絶対的な自由へ導いてくれるでしょうか？

これらの原初的な感情を言葉で定義する必要はありません。なぜなら、それらはもともと私たちの思考や感情、意志の基本構造に属しているからです。私たちがそれらの理想を持って生きていると、それらは自然に、日々の生活の中で表現されます。それらに、そうなってゆく過程、つまりだんだん美しくなっていったり、善くなっていったりする過程はありません。それらはただ、一瞬一瞬現れるのです。

ヒンズー教では、あらゆる苦はアヴィディヤー（無知）から生まれると言われていますが、アヴィディヤーとは何ですか？

アヴィディヤーとは、自分を自分ではないもの、つまり自分の肉体や心の機能と同一視することです。明瞭な観点から見ると、これらの機能は当然、それを知る者、つまりヴィディヤーに依存しているのだということがわかります。私たちが自分と同一視していた対象、つまり自我——その状態や思考、機能など——に重点を置くのをやめると、私たちは自然に、静かに聞いている自分、何も機能していない自分、知る者である自分に気づきます。私たちの深奥は生ける現存《プレゼンス》になります。以前は無明と思われたものが、いまや知ることの一つの表現として経験されます。そして、すべてが静寂の表現となります。もはや相互補完的な思考はありません。知識になることは知識と無知の二元性を消し去るのです。

分裂によって生じる苦について教えてください。

出来事はさまざまなレベルで解釈できますし、多種多様な方法でそれを説明することもできます。しかし、そのような操作によって苦から抜け出すことは絶対にできません。苦しんでいるのは対象、つまり心身です。しかし、本当の私たちは、その苦しみを知る者です。私たちは苦しむ者ではなく、それを知る者なのだと自覚した瞬間、心理的な苦痛はすべて消滅します。肉体的な苦痛も、私たちがそれを客観的に見ると、劇的に減少します。

自分は何者かである、つまり独立した人格であるという信念や対象化、投影などはすべて数多くある対象の一つであり、ただの想像です。そして、投影は全体の一部に過ぎません。この分裂した断片的な観点から決断を下したり考えたりすれば、当然、断片的な結果しか生まれません。断片とは不均衡な状態であり、不均衡は均衡な状態になることも、そのような状態を作り出すこともできません。小さなものによって、より大きなものを理解することはできないからです。断片は不安感や苦しみ、欠如感などを生みます。とはいえ、この欠如感は完全性の予感に由来しており、直観的に完全性に気づいています。欲求、あるいは欠如感は私たちをその源へと連れ戻します。もし、その起源を思い起こさせるものや起源についての直観がなければ、欲求もありえません。だからこそ、私たちは「あらゆる対象は真の存在へ帰る道を指し示しているのだ」ということを師に指摘してもらう必要があるのです。

聞くことと、その源について話していただけますか？

自分の一番奥底の存在を見つけるには、それがどんな場所であろうと、まさに今この瞬間に自分がいるところから始めなくてはなりません。決して、それ以外の場所から始めることはできません。あなたの前に(自分の身体や感覚、感情、思考など)何が現れようと、それらをすべて受け入れて、それらに耳を傾けなくてはなりません。しかしそれは、それらを分析したり、解釈したり、理解したり、その内なる意味を追求したりしなければならないという意味ではありません。大切なのは聞くことそのものを発見することです。遅かれ早かれ、それはあなたに示されるでしょう。最初は、あなたが聞いている音や感覚、感情、あるいは思考が重視されます。しかし、よく聞き続けていると、この、何を聞くともなく、ただ聞くということそのものに重点が移ってゆきます。そのとき、あなたは聞くことが生じる源への入り口に立っています。そして、まさにその瞬間、聞くことが生きた現実になります。

真に聞くことは、それ以上は上達もしないし、より完全に近づくこともありません。なぜなら、それは完全性そのものだからです。心が驚異に打たれたとき、もはや心がまったく対象について考えなくなったとき、真に聞くことが現れます。その後、こういうことが実現したのは対象のおかげだと誤解されます。しかし、真の観点に気づいている人は、この平安が生じた原因は対象にはなく、静寂、つまり「在るもの」の純粋な反映であるとわかります。

聞くことは驚きから生じ、驚きを指し示します。驚きとは、何も投影のない状態、何も現れない状態です。それはまるで、あなたがものでいっぱいの暗室の窓を突然開け放ち、陽光が満ち溢れるようなものです。すべてが一瞬で明白になるのです。

私たちが教えを知的に理解するかしないかによって、どんな違いが生じるのですか？　私はただあなたの前で座っているだけのほうが好きなのですが。

知的な理解を重視している限り、あなたは決して理解できません。あなたの理解は死んでいるからです。あなたはもっと先へ進まなくてはなりません。知性が真に理解すると、自分はもう用済みだと悟って、みずから消えてゆきます。そして、あなたは開け放たれた光の中で生きることになります。

師の現存《プレゼンス》はあなたの現存《プレゼンス》の鏡であり、あなたにあなたの現存《プレゼンス》を思い起こさせます。座って、静寂を保ち、それを知覚しているとき、あなたはリラックスできるかもしれません。しかし、それでは決して真の静寂に達することはできません。自分を一つの状態に固定したり、師の現存《プレゼンス》に集中したりしても、直接的な伝達を受け入れられるようにはならないのです。知覚できることをすべて知っても、そこには何の現実性もないからです。そのことがはっきりとわかると、その観点が真の自己の未知の領域を開いてくれます。そして、先ほど話したような驚きの瞬間、心が停止する瞬間が起こります。真の観点に気づいている人は、何も考えない状態を何かの不在ではなく、自分自身の現存《プレゼンス》であると感じます。ここで、心の背後にある光が輝きながら現れます。そうでない人は、このような瞬間を空白あるいは心の不在、機能停止だと感じるでしょう。しかし、現存《プレゼンス》、つまり「対象のない喜び」を知る人には、期待や「虚しさを埋めよう」とする原動力などがまったくありません。彼らは純粋に在るという経験を歓迎します。予想や期待は開放性《オープンネス》を損ないます。たとえば、あなたが何年も同じペルシャ絨毯を部屋に敷いて暮らしてきたとしましょう。ある日、あなたはその絨毯をクリーニングに出します。しかし、あなたが本当に自分の部屋の床を見られるようになるまでには少し時間がかかるでしょう。なぜなら、あなたは「絨毯の不在」ばかり見てしまうからです。それからしばらくして、ようやく絨毯の不在が存在しなくなるのです。

私たちのエネルギーと潜在能力は、生きた自己認識を通してしか、調和させることができません。自己認識によらなければ、それらはバラバラに分散し、私たちはただ何かになるための過程を生きること、つまり何かに従事し、野望を抱いて生きることになります。野望を抱いている心は決して自由にはなれません。

あらゆる意図は快楽と安心、投影された苦しみからの逃避を目指しています。いかにして安らぎの欠如としての病や不快さから逃れるかについて、実に多くの本が書かれ、多くのテクニックが提案されてきました。しかし、これらの提案では、架空のものが事実とみなされています。快と苦の無限周期から抜け出すには、概念を扱うのではなく、事実、すなわち知覚に直面できるようにならなくてはなりません。

聞くことは、快も苦も同じレベルで経験される同じ過程の一部なのだと認識することでもあります。快と苦は時間を超えた喜びの中に相対的に存在しています。快楽や苦しみ、悲しみ、満足などの背景は豊穣です。それらのものは皆、心の中にあるのです。もし、私たちが無関心な注意をもってそれらの補完物を調べると、それらは収束してゆき、その源、つまり対象のない喜びの中に消えてゆきます。

16

何をして何を考えていても、私たちは気《アウェアネス》づきそのものです。それなのになぜ、気づきになろうとしたり、それについて考えたりするのですか？　もし、私たちが気づいていなければ、私たちは自分自身がどんな状態にあるのか、知ることができなかったはずです。もし、気づきがよくある精神機能の一つに過ぎなかったら、それは他の機能と同じように消えてしまったでしょう。しかし、気づきは決して消えません。私がこのことをあなたに証明しようとすれば、どうしても議論になってしまいます。気づきであることこそが証明だからです。しかし、気づきを発見する方法を教えることならできます。ですから、私を信じてください！　最初は受け売りの情報になるでしょう。しかし、人の言うことをずっと信じているだけではなりません。それを自分自身のものにしてください。

この気づきは深く眠っているときや、思考と思考のはざまに現れます。私たちが「われ在り」（IAM）と名づけた純粋意識は心《マインド》や身体を超越しています。それは不連続性に支配されません。そして、あらゆる感覚や事実は、この純粋な存在に完全に依存しています。私たちは感情や知覚のない状態を想像することはできますが、意識のない状態を想像することはできません。しかし、永遠の現存《プレゼンス》を経験したことがなければ、それを理解するのは難しいでしょう。

世界は形と名称でできています。世界はあなたの思考と感覚によって、存在させられています。あなたがいるからこそ、世界があるのです。あなたは永遠に現存《プレゼンス》し、変わることのない「われ在り」です。

知覚することは、知覚者や知覚される対象から完全に独立しています。知覚者も知覚対象も概念に過ぎません。しかし、知覚そのものは生きること、唯一の現実、つまり今です。どの知覚もそれぞれ、一つの、純粋意識の非二元的な経験です。その経験の後で、「私はこんなことやあんなことを考えた」とか「私はハ長調の和音を聞いた」とか、私たちは考えます。しかし、実際にそれを経験しているとき、私たちは何も考えていません。ただ、知覚だけが「われ在り」の中に現れているのです。それを深く確信すると、この事実は私たちの中にしっかりと根づき、私たちはもう、努力してそれを思い出さなくてもよくなります。「われ在り」を現実に変えるのは、この真の理解です。

「われ在り」を生きる方法について、もっと話していただけませんか?

あなたが二つの意思作用、つまりしようという意志と、しないという意志から自由になったとき、「われ在り」は最も輝きます。

私たちを自己認識へと導いてくれる道しるべにはどんなものがありますか?

脳がなくては、感覚器官は機能しません。ですから、私たちが感覚を通して知る対象も皆、脳に依存しています。そういう角度から見ると、世界は心の投影であると言えます。そして、心は気づきの中に存在します。この気づきを形と名称によって表現することこそが、心の本質です。心の中に現れることはすべて、包括的な気づきの中に現れます。そのことを理解すると、重点が対象から気づきへ、つまりしばしば究極の主体、「われ在り」と呼ばれているものへ移ります。

どうすれば、死後は完全に消滅すると思わないようになれますか?

まず、生命とは何かと自問してください。そうすれば、答えが見つかるでしょう。あなたは身体を意識することができますが、生命の現れを意識することは絶対にできません。なぜなら、あなたが生命だからです。ですから、生命とは何かを問うのです。すると、そう問うことは生命そのものなのだと気づくでしょう。私たちは自分の身体を多くの危険にさらします。船乗りや志願兵のことを考えてみてください。もし、本当に自分は死ぬのだと信じていたら、彼らはそんな危険を冒すでしょうか？　彼らは知らず知らずのうちに、死ぬのは身体だけで、本質的な自己は生と死を超えているのだとわかっているのです。

では、その自己とは何ですか？　私は誰なのですか？

あなたの本質は静寂、光、中心も外縁もない拡がりです。それは条件づけられていない存在、愛です。しかし、あなたは自分自身の想像と間接的な情報のとりこになっているせいで、そのことがわかりません。あなたは自分で自分を概念と信念の世界に閉じ込めているのです。自我《エゴ》は一つの機能に過ぎません。ですから、自我と自己を同一視することは、真実が見えていないということです。思考や感情、行動などは観照者の前に連続して現れ、脳にその痕跡を残します。それらの痕跡を思い起こすことによって、あなたは実際には存在しない連続性が存在すると信じてしまいます。しかし、記憶は現在の思考です。過去についての思考も、今、生じています。本当は現存《プレゼンス》だけ、非二元的な意識だけがあるのです。私たちは誤って、自分はあれだとかこれだとか思います。しかし、時間と空間を超えた真の「われ在り」しかないのです。

これまでの私の誤解の本質は何でしょうか？

何の根拠もない、単なる幻想を求めていること。そして、真理、つまり思考のない純粋な意識を恐れていることです。

なぜ私は真理を恐れるのでしょうか？

真理とは生であり、あなたは生きることを恐れているからです。あなたは自分が生まれて死ぬ、一つの対象だと思っています。あなたは死を恐れていますが、それは生を知らないからです。死を恐れている者は一つの対象に過ぎず、この対象はあらゆる手を使って自由になろうとします。自由になろうという努力は、対象を信じることによるのだと気づいてください。そして、それがわかった瞬間、振り返って、後ろを見てみてください。

どのレベルまで進んだら、私たちは本当の答えを見つけられるのでしょうか？

現象の次元での答えを求めて究極の現実について問うことは、まったくエネルギーの浪費です。

正しい問いこそが答えです。正しい答えは知性や本や人から聞いた話などからは出てきません。どのように、なぜ、いつといった問いは皆、自我から生じます。それらの問いは皆、単なる想像の断片であり、絶えず自分自身のレベルでの説明を探し求めています。しかし、このレベルでは決して本当の答えは見つかりません。真の問いは、まさにその瞬間に湧き起こります。それはキラキラ輝くほど真新しく、その中に答えの前触れを含んでいます。それへの返答は生ける答えのほうから予期せぬときにやってきます。それは静寂です。それは決して思考ではありません。その返答を受け取るには、それに対してオープンにならなくてはなりません。つまり過去の経験を参照することなく、聞かなくてはなりません。この開放性《オープンネス》こそが鍵です。それは質問と答えの本質です。開放性は私たちの本質なのです。

どうすれば自分自身や現れてくる状況を一歩下がって観察できるようになりますか? つまりどうすれば、感情的に巻き込まれることのない傍観者になれるのでしょうか?

あなたは喜んだり悲しんだりする行為者、あるいは思考者ではありません。傍観者になろうとしたり、無関心でいようとしたりせずに、ただこのことを事実として認めてください。自分の以前の行動を思い出せるという事実は、あなたがそれらの行動の観照者であったことの証拠です。ですから、何よりもまず、観照者になろうとするのをやめてください。それはただの投影であり、あなたを観念と期待の枠組みの中に閉じ込めてしまうでしょう。もし、あなたがこのことを受け入れれば、あなたの中で変化が起こります。しかし、変化が起こっても、そのとき、あなたはそれに気がつかないでしょう。

観照者は、自分は行為者ではないということをあなたに理解させるための支えに過ぎません。あなたが行為者であることから解放されると、中心軸の移動が起こり、かつて対象に向けられていたエネルギーが主体の面へ、そして観照することそのものへ移ってゆきます。最後には、主体性の名残がすべて消え、それらとともに観照する者も消えます。そして、あなたは発見します。対象も主体も自己の中に存在するが、自分は対象でも主体でもないと。その後には、ただ生ける静寂だけがあります。

自己と身体との同一視が私たちを対象や状況、世界などに縛りつけているのだということを、あなたは私たちに気づかせようとなさっているのですか?

あなたの本質は覆い隠されていてぼんやりとしか見えません。なぜなら、自分は独立し分離した一つの実体だとあなたが信じているからです。そのことがあなたを縛り、快と苦のサイクルの中で生き続けさせています。放棄することも熱望することも、同じコインの裏表だということに気づいてください。自分は心と身体だと信じている限り、あなたは自分の周囲に形と名称を見続けます。そして、それらは同列に並んだイメージに過ぎません。そんな過程がいったいどんな現実性を持ちえるでしょうか？　純粋意識としてのあなたは、主体と対象のサイクルの外にいます。そして、あなたは無関係に生きることによって初めて訪れる、真の関係を楽しむのです。

しかし、不快感はしばしば私たちを身体に引き戻します。

身体が疲労したり休息していたりするとき、誰がそのことを知るのですか？

私です。

その私とは誰でしょうか？　それは心に他なりません。では、誰が心を知るのでしょうか？　真の「私」です。心は現れては消えてゆく、一つの活動に過ぎません。観照者はこの連続性の欠如を、つまり身体と心は知覚と概念に過ぎないということを記録します。静かで、無方向的な注意を払っていると、このことが明らかになります。そして、その結果、あなたは生ける現存《プレゼンス》に満たされます。

あなたは気づきという聖なるものの中で生きるのです。これがあなたの本質です。

どうすれば、それが自我によって生み出された、ただの別の状態ではないことを確かめられますか？

この無の状態には欲求も心配もありません。

17

選択や決断によって問題を解決することはできません。意見は皆、断片的な心《マインド》から生じるからです。私が不在になると、状況はあなたの前に事実の集合として現れます。これらの事実に巻き込まれる人が誰もいなくなると、自然に正しい行動が現れます。すべての事実を見るには受容する必要があります。心理的に巻き込まれることがなくなると、対立する要素がなくなります。そのため、ある事実やある要素を他のものより好むということもなくなります。受容は心と身体から生まれるのではなく、全体性から生まれます。私たちがその状況にあるすべての要素を識別することなく歓迎し、受け入れさえすれば、状況そのものが行動を呼び求めます。しかし、私たちがすでに武装していたのでは、そうはなりません。

私たちが生きている社会は苦しみでいっぱいです。私にはその事実を甘受することが難しそうです。

あなたの観点からでは、たぶんその事実を受け入れられないでしょう。よく言っているように、苦しみを経験せずに快楽だけを経験することはできません。片方だけを持つことはできないのです。あなたは社会に苦しみがあることを哀れんでいます。しかし、自分がその苦しみの原因であることに気がついていません。ですから、まず自分自身を哀れむことから始めてください。

どうすれば自分自身のすべてを受け入れることができますか？

受容を拒むということは、攻撃し防御するということでもあります。つまり環境と自分を切り離し、自分自身を孤立させるということです。受容が私たちに本来備わった状態であるのに対して、受容しないことは人為的に作られたものです。ただこの事実を認識しさえすれば、無理に受け入れようとする必要はありません。一日に何度か自分が受け入れていないことにはっきりと気づけば、あなたはその過程の外へ出られるでしょう。また、それによって、受け入れないことのためだけに使われていた、あるいはさまざまな逃避の方法のためにばらまかれていたエネルギーは、その源へ戻るでしょう。あなたが観察するという本来の状態で生きると、あなたの行動はあなたの中に何の痕跡も残さなくなります。そして、状況をすべて受け入れると、そこから完全に自由な気持ちになれ、その状況を十分に経験できるのだとあなたは知るでしょう。あなたの自由の中でこそ状況は現れるのです。

私はしばしば恐怖に襲われますが、この恐怖はどこから生まれてくるのですか？

恐怖は記憶から生じます。恐怖は一つの対象です。それはある状況、ある経験との関係の中にしか現れません。自我《エゴ》と同じく、恐怖にも現実性がないのです。「私」に関わる状況について考えずに、「私」を考えることはできません。人間の条件はもともと自分をどこかに、つまり身体の感覚や思考の中に位置づけるようになっているのです。しかし、「人生にはこのような対象との関係を超えた在り方がないのか？」、あるいは「他の方法で自分を知ることはできないのか？」と疑問に思うことがあります。物事を流れのままに放っておくと、いつのまにか自分が観察そのものになっていることに気づきます。自分を知ることは、主体と対象の関係や観察と観察対象のパターンには制限されません。それは喜びの状態、平安の状態、至福、いつも変わることのない安心の状態です。

真の理解はすべてを受容する態度をもたらすとおっしゃいましたね。私はまだ三十五歳なのに、もうすぐエイズで死ななくてはなりません。この到底受け入れられそうもない事実をどうすれば直視できるでしょうか？

受け入れられないと言いましたが、「受け入れられない」とはどういう意味なのか、ちょっと考えてみてください。

私にとってだけではなく、家族にとっても受け入れられないということです。

病気の中で自分を見失うのではなく、まるで目の前に病気があるかのように、その病気を客観的に見てください。まるで他の人のものであるかのように、自分の身体を見てください。そうすれば病気の重荷からちょっと自由になり、わずかの間でも、それと心理的な距離を置くことができます。この自由の感情に関心を向けてください。すると、何も努力しなくても、ひとりでにその状態が維持されるようになります。この観点に立ったとき初めて、あなたは最も適切な行動をとることができます。健康な身体であろうと、不健康な身体であろうと、あなたは身体ではありません。ですから、あなたの病気は、自分は何でないかということにあなたがより早く気づくための贈り物なのです。このような態度は(実は、それは全体性、つまり生命そのものから生まれたものであり、態度ではないのですが)、あなたの周囲にいる家族や友達を刺激するでしょう。またそれは、彼らの中にある生命も刺激するでしょう。自覚しているかいないかにかかわらず、彼らはあなたと生命を分かち合い、あなたも彼らも孤独ではなくなるでしょう。そして、この生命の感情は身体という、あなたではないものが消滅した後も残るでしょう。生命は永遠であり、その中ではすべてが一つなのです。

病気は存在しません。病気は事故に過ぎません。実際にあるのは健康だけです。まさに病気という言葉、あるいは病気という観念が病気になるようにあなたを仕向け、病気を作り出しさえしています。私たちが名前をつけるために感覚をカテゴリーに分類するや否や、私たちの想像力はすでにきわめて鮮明な情動を伴っているのに、さらに情動性をおびて、いわゆる機能不全をはぐくんでゆきます。

決してこれらの機能不全を名づけてはなりません。名づけることによって、機能不全は助長され、あなたの病気は確かなものになってしまうからです。そのこと自体が機能不全を長引かせます。私から見れば、機能不全は一つの道標です。

肉体的な次元であれ、心理的な次元であれ、機能不全を終わらせる最良の方法はその感覚や知覚を拒絶しないことです。あなたはそれを受容しなくてはなりません。それは倫理的、心理的に受け入れなくてはならないという意味ではありません。そのような受け入れ方はいずれも、一種の宿命論です。受容とは、すべての事実を見る、明瞭で注意深い気づき《アウェアネス》です。その状況にある事実をこのようにして受け入れることが癒しをもたらします。受容して生きると、病気は実体を失い、あなたは快復へ向かう、可能な限り最高のチャンスを得られます。受容しなければ、癒しを起こすすべての可能性を拒むことになります。
ですから、医師が第一にしなくてはならないことは、患者に正しい態度をよく理解させ、自分自身とうまく付き合いながら生きられるようにしてあげることです。知覚に巻き込まれることなく客観的に見ると、その状況にあるすべての要素が明瞭に見えるようになります。この無関心さが自由になるための第一歩です。すべての事実がはっきりと見られたとき初めて、創造的な行動が起こります。

あなたは受容が癒しをもたらすと言う一方で、癒しを助ける方法も教えておられます。ということは、私たちが受容したときに初めて、なすべきことがわかるということですか?

私たちが受容すると知性と正しい行動が現れます。受容はすべての可能性を解き放つのです。

心理的な原因で起こる病気もよくありますか?

はい。よくあります。人格が存在すると信じている限り、私たちは心理的な問題にぶつかることになり、それが肉体的な反応を引き起こすのでしょう。人格は自分自身を攻撃と自己防衛の要塞《ようさい》の中に閉じ込めます。

この要塞を形作るものは、恐れと欲望と不安に他なりません。それは複雑に入り組んだ障壁であり、私たちの中にある生命の自然な流れを妨げます。この生命本来の流れは完璧に自分で自分の面倒を見ることができるので、人格は必要ありません。

この人格と生命本来の流れの対立によって病気、つまり機能不全が起こります。

身体は自分で自分を癒すことができますか?

健康であることによって、細胞は細胞になります。もし、その細胞に健康な状態の記憶がなければ、それは自分自身を癒すことができません。逆に、細胞が健康であるときの自分自身を知っていれば、何も介入する必要がないのです。

私たちは細胞が回復するのを助けなくてはなりません。その第一歩は細胞や身体の現状を受け入れることです。受容とは、感覚から逃れようとしたり、それを支配して押さえつけようとしたりせずに、それを対象化することです。私たちがこのように全面的に受容すると、身体は健康を回復します。なぜなら、それはすでに健康とはどういうものかを知っているからです。

私は時々気が滅入ることがありますが、そういう状態を克服するにはどうすればいいですか？

いくつか例を挙げてみましょう。あなたは今、これといった目的もなく、どうなりたいとか何をしたいとか願うこともなく、平安で満足した気持ちだと想像してください。物事を振り返ることも批判することもしません。あなたは自分を見つめ、それが好ましいものだと感じています。たとえそこに肉体がなくなったとしても、あなたは完全に現存《プレゼンス》に没頭しているのです。たとえ身体的に存在しなくなっても没頭しているのです。

もう一つ例を挙げてみましょう。一つのことに意識を集中することによって、私たちは空、つまり虚無の印象を作り出します。しかし、これはまだ、観察する者と観察されるものの関係です。何も関係のない、究極の状態をまっすぐに目指さない者はこの状態にとどまり、最後には虚しい欠如感を味わうことになります。逆に、私たちの探しているものは対象の中にはまったく見つからないのだとわかると、私たちの注意は状態から観察することそのものへ移ります。それは絶対的で包括的な無であり、その中で溢れんばかりの喜びが目覚めるのです。

私たちが対象について考える前から、対象は存在するのでしょうか？

それは単なる仮定の質問、知的な疑問です。対象はあなたの中に現れ、あなたの中で消えてゆきます。あなたがいるから対象があります。つまりあなたが対象について考えた瞬間に、対象は生まれるのです。

どのようにして真我《セルフ》は私たちの中に目覚めるのですか？

真我はいつも目覚めています。眠っているのは私たちのほうです。私たちは対象の中では目覚めていますが、真我の中では目覚めていません。

現実はその産物の背後に、つまり現実が送り出したエネルギーの背後に隠れています。現実はみずからの力で現れます。行為によってそれを出現させることはできません。人もこの絶対的な気づきの中に現れます。そして、私たちはその気づきを何の理由もなく経験します。そこには光り輝く一体性《ワンネス》だけがあります。

絶対的なものを目指さず、ただ対象と向かい合っているだけの気づきと、直接究極の主体を目指している気づきではどこが違うと思われますか？

究極のものを目指していない人は、あらゆる種類の気晴らしや活動の中で自分を見失ってしまいがちです。存在とは何かをすること、何かになることからなるのだと信じて、何かを自分自身のものとして蓄積したいという欲求を抱くことから、それらの気晴らしや活動が生まれます。他方、究極のものを目指している人は、自分の自我を無視します。そして、もう注意を払われなくなると、自我は死んでしまいます。

あなたが何かに注意を向けているとき、あなたはその対象に縛られています。しかし、あなたが単に注意深くしているとき、あなたは何にもしがみついていません。そこにあるのは、究極のものそのものからくる深い安らぎだけです。その安らぎの中で、あなたの全存在がひとりでに喜びに満たされながら展開してゆきます。ここで、真我は自分自身について語るのです。

私の理解が正しければ、対象についての意識、つまりアートマナンダ・クリシュナ・メノンのいう機能的な意識と、純粋な意識があるということですね。でも、どうして一体性の中に二種類の意識が存在できるのか私には理解できません。

現代心理学では、意識は常に何かの対象に向けられていると考えられています。何ものかについての意識であるとされています。それは、私たちが何かについての意識であると主張し、知覚と知覚のはざまは無であり、深い眠りも無であると考えます。

しかし、ここで意識について語るときには、それとは逆に、知覚と知覚のはざまでこそ私たちは自己の本質に完全に現存《プレゼンス》しているのだということを知っています。また同様に、深い眠りはあらゆる意図的な活動から解放されているということ、私たちは時間と空間を超えた存在、純粋意識であることなども知っています。このことを知性で理解しようとしてはなりません。それについて考えても、まったくの無駄です。見つけるべきものなど何もないからです。あなたにできるのはただ、この純粋な現存《プレゼンス》を生きることだけです。そして、それはいつも存在します。純粋意識は機能的意識の中に現れます。機能的意識はすでに知覚することを視野に入れていると言えます。自分自身への開放性《オープンネス》は純粋意識であり、対象に対する開放性は機能的意識です。しかし、これらは別々のものではなく、同じものです。

純粋意識に対象がないならば、それはただの抽象概念ではありませんか?

あなたがそれを生きない限り、それはただの抽象概念です。時間のない現存《プレゼンス》、つまり知覚と思考の背後やはざまにある背景は純粋意識です。他方、思考や知覚は機能的な意識です。純粋意識は継続的なのに対し、機能的意識は断続的です。

それならば、人間には機能的意識のために心と身体が必要であり、機能的意識は生まれて死んでゆくけれど、純粋意識は私たちが生まれる前から存在し、決して死なないということですか？

はい。

では、機能的意識は純粋意識が知られるようになるための道具なのですか？

未知のものは既知のものを通して現れます。しかし、二つのものがあるわけではありません。究極のものは時間と空間の中に現れ、死によってそれ自身の中へ戻ってゆきます。聖なるものは自己表現を楽しむのです。それは目的のない、聖なる遊戯です。

なるほど、私も子どもが遊んでいるのを見ても、それを疑問には思いません。それなのになぜ、聖なる遊戯を分析するのでしょう？

質問するのは心だけです！

18

私たちが真我《セルフ》と呼んでいるものは魂のようなものでも、何か一つの状態でもありません。それは絶え間ない生命の流れです。印象や感情、記憶などの日常的に使っている能力を用いてそれを理解することはできません。それらの能力は断片的で対象的な観点に属しているからです。私たちは真我について考えることもできません。なぜなら、私たちが真我だからです。至福である静寂の中には、時間と空間の概念や個人の記憶のような、方向づけられたエネルギーは何の痕跡も残しません。物事は意識の中で消えてゆきます。しかし、意識が物事の中で消えることはありません。ですから、活動は続いていても、私たちは自分の真の存在の中にしっかりと立っていられるのです。

この生ける喜びはそれぞれ異なる表現を引き起こします。前にも言ったように、機能的な意識は純粋意識の延長であり、それと一つです。普通の人間は物事の大雑把に見える面しか知覚できません。なぜなら、彼らは自分の経験の相対的で主体的な側面に完全に支配されているからです。このような方法で得られる喜びは、苦しみと苦しみの間のはかない休憩時間に過ぎません。頭痛や絶望によって、それらはすぐに消えてしまいます。しかし、真の喜びは外的な状況には左右されません。それは直接、真我から流れてくるからです。恐れや欲求に支配される前に経験される、この静かな瞬間に気づいたら、あなたもそのことを確信するでしょう。

私たちにとって、ヨーガはどのように役立つのでしょうか？

私たちは成就への深い願いを叶えるためにヨーガを練習します。ヨーガは私たちが自分自身だと誤解しているものから私たちを解き放つために役立つ科学、というよりもむしろ技術です。すべてのヨーガの基本は注意、傾聴、静かな観察、見られているものや聞かれているものの中に自分を失うことなく見たり聞いたりすることです。あなたの心《マインド》の鏡の中で物事は現れては消えてゆきます。それらに巻き込まれることなく、注意深く見ていてください。そうすれば、自分が永遠の観察の中にいることに気づくでしょう。そして、平和と安心を見つけられるでしょう。

究極の目的は――もしそんなものがあるとすればですが――人格との同一視から自分を解き放つことです。これまで、あなたはいつも自分の周りに架空の制限を設けてきました。つまり自分の上にいくつものイメージを重ねてきたのです。この条件づけはすべての過ちの原因であり、あなたや他の人々に苦しみをもたらします。遅かれ早かれ、あなたは肉体的および心理的な能力を使い果たしてしまうことでしょう。あなたは絶望します。そして、「私は誰か？」という疑問があなたの中に起こります。それから長い間かかって、ようやくあなたは答えを見つけるのです。それは生きた答えです。

私は波乱のない生活に憧れています。快と苦の間を絶え間なく揺れ動かずに済むようになりたいのです。いかなる争いもなく、永久に満ち足りた状態というものはあるのでしょうか？

あなたこそ、永遠なるものです。あなたは一瞬たりともそこから離れることはできません。あなたは思考から自由になることはできるかもしれませんが、本来の自分でなくなることは絶対にできません。絶え間なく変化する物事があなたを本来のあなたへ導くことは不可能です。本来のあなたは変わることなく、すべての変化を包み込んでいます。変化はただ心にだけ属しています。それらの変化を通して、あなたは何を得られると思いますか？　どんな努力もあなたをこの究極の調和へ導いてはくれません。それどころか、あらゆる試みはあなたをそこから引き離してゆきます。ただ、優れた洞察力だけが、この理解を目覚めさせてくれます。

どうすれば、どんな努力をしても無駄だと納得できるでしょうか？

考えることによって自由になれると考えているかぎり、あなたの行動はすべて、恐れや心配、欲求によって動機づけられることになるでしょう。物事に目的はなく、あなたの問題や苦しみは増え続けるでしょう。思考と行為の過程で、恐れによって動機づけられた行為は、あなたを出発点である恐れへ連れ戻すことしかしません。それゆえ、それはあなたを悪循環の中に閉じ込めます。変えよう、変わろう、「そこから抜け出そう」と望んでも無駄だということを見てください。見ることは、もはや過去や投影された未来に影響されない、全体的なビジョンです。

あなたは改善という考えを捨てなくてはなりません。見つけるべきもの、獲得すべきものなど何もありません。探し求め、何かを獲得したいと願うことは、あなたが自分であると思い込んでいるものを助長することになります。現実性や自由の観念を投影してはなりません。変化を求めることなく、自分の存在の事実にただ気づいていてください。このように物事を見ることはあなたに肉体的、心理的なくつろぎをもたらします。たとえもし、この状態が知覚の対象になったとしても、それはあなたの観察の中に溶けてゆきます。そして、そこにはもはや観察する者も観察されるものもありません。

あなたは深い眠りの中でも意識を保っておられるのですか？

その質問は基本的な誤解を示しています。意識はいかなる状態の中にも見つかりません。深い眠りが意識の中に見つかるのです。深い眠りは目覚めている状態や夢を見ている状態よりも、あなた本来の無の状態に近いです。なぜなら、深い眠りは自我《エゴ》を持たず、主体と対象の関係の中にはないからです。深い眠りの経験は私たちの存在を思い起こさせる強力なリマインダーです。このリマインダーは一種の有機メモリーでさえあります。なぜなら、私たちの肉体構造全体が、意志なしに生きることの平安によって衝撃を受けるからです。現存《プレゼンス》を思い起こさせるこのリマインダーは、私たちを探求へ、そして瞑想へいざないます。

だから、深い眠りの状態からの誘いは私たちに、あらゆる状態において非二元的に生きることへの憧れを抱かせるのですか？

はい。私たちが自分の二元的な存在と出会えるのは目覚めているときだけです。しかし、夢見ているときは非二元的な状態を洞察することもできます。

しかし、その洞察が持続するでしょうか？

私たちが強い衝撃を受ければ、その影響が私たちの中に残ります。ただし、最も強い洞察は目覚める寸前か目覚めている状態のときにやってきます。

それにしても、あなたが今話されている、この洞察とは何ですか?

あなたの全存在が常に現存《プレゼンス》しており、常に「今」にあるという瞬間的な統覚です。私たちの心身構造がその洞察の影響を受けると、私たちはそれを平和や喜び、豊かさであるとみなします。しかしそれは、表現を超えたところで生きられる経験を表現するシンボル、つまりそれを指し示すものなのです。「リンゴ」という言葉はリンゴそのものではありません!

自分の想像力を制御するにはどうすればいいですか? 言い換えると、どうすれば心を支配できるようになりますか?

この心は私たちの存在の延長です。ですから、もし、心が私たちの存在によって啓発されれば、それは必ず調和のとれた機能をします。しかし、いかなる種類のコントロールも私たちを記憶に従属させてしまいます。コントロールされた心は決して自由に、自発的に活動することができません。

もちろん、相対的な世界では記憶、つまり経験は最良のツールだと言えます。しかし、相対的な世界を超えたものを知るには、それは不十分です。なぜなら、記憶は既知のものの枠組みの中でしか機能しないからです。未知のものは私たちの一番近くにあります。それは近過ぎて知覚できないのです。『ウパニシャッド』で言われているとおり、それはあなたが摘もうとしている花よりも近くにあります。

原因と結果を明瞭に意識すると、あなたに今までとは異なるものの見方、生の新たな次元が開けるでしょう。

どうすればより深く探求し、「われ在り」(I AM)としての自己を確信できるようになるでしょうか?

その確信は「われ在り」そのものからやってきます。あなたの中にはもともと、意識的に自分自身になりたいという欲求があります。この欲求は深い眠りや完全な静寂の瞬間を通して、あなたの生命全体に行き渡ります。この欲求は決してあなたから離れません。ですから、それを歓迎し、ちょうど渓流をさかのぼって水源に至るように、その欲求を辿ってください。決して川の流れを変えようとしたり、それを妨げようとしたりしてはなりません。ひたすら、その流れの友であり続けてください。自分の最も深い憧れへの親友になるのです。そうすれば、あなたは必ず自分のハートが望むものへと導かれるでしょう。

究極の欲求は欲求を持たずに生きることです。そこにはもう、何者かであるという考えが存在する余地はありません。このことを自分の中ではっきりさせてください。徹底的に真剣になってください。全身全霊で究極の欲求を生きてください。知覚されるものは何一つ、至福をもたらすことを約束できないのだと心の底から確信してください。

自分は人格であると私たちに思い込ませる、この幻想を打ち壊すにはどうすればよいですか？

調べてゆけば、それが幻想であるとわかります。あなたが個人的なものだとみなしているもの、「私」が生み出すものや繰り返すことなどはすべて、間違っています。解放は「私」から自由になることにあります。このことは瞬間的に完全に理解され、一度理解されると、もう元には戻りません。その時、突然新たな次元が開けます。そして、その次元で私たちは不平を言う者も苦しむ者もいない豊かさに包まれるのです。

あなたの前にいるとき、私は驚きに包まれています。そして、ほんの少し前までとても重要に思えた疑問がすべて、もはや少しも疑問に感じられず、それについて尋ねようとも思わなくなります。

私たちが驚異や驚嘆に満たされると、知る人と知られる物事の間に完全な非二元性が生まれます。それこそが生ける現実です。だから、完全に驚きに呑まれてしまってください。すると、背景であり、あなた本来の状態であるこの驚きから、直接的に思考や行動が生まれてきます。

私は平凡な日々にうんざりしています。人生が退屈でたまらなく思われるのです。

今この瞬間起こっていることも、あなたが記憶していることも、どちらも気づき《アウエアネス》の中に現れます。あなたが現在の瞬間について考えるとき、それはすでに過去に属しています。ですから、あなたが人生について行う評価やそれについて抱く感情はすべて、すでに過去のものです。問題や倦怠、退屈、憂鬱などはすべて、私たちが自分をある考えや特定の背景などを持った、ある人格であるとみなすことによって起こります。そして、何らかの結果を得ることを願って立てられた未来についての計画が挫折したとき、問題が生じます。私たちは自分が最善だと思う結果や目標を選びますが、その選択は私たちの好き嫌い、個人的な条件づけや態度に完全に依存しています。そのため、私たちはどんなに多くのものを集めても、またどんなに学び、どんなに経験を積んでも、快と苦の堂々巡りの中から抜け出せないのです。私たちが人格から自由になり、いかなる目標も持たず、好き嫌いや選択をせず、自分の全体性を生きているときにしか、生命の完全な表現は現れません。条件づけをしないで生きているとき、私たちはその瞬間を、永遠に現存《プレゼンス》する「今」を生きています。過去についての考えも未来への憧れもないとき、私たちは自分を完全に生ききっています。この完全性から愛が流れ出し、愛からあらゆる行動が生まれます。

思考を超えた現存《プレゼンス》はあなたの本質であり、あらゆるものはその中に現れます。自分を現存《プレゼンス》ではなく思考と同一視するから、あなたは有限で制限されているように感じるのです。この制限から自分を解き放てば、あなたは自分の無限性を生きられるようになります。すると、あなたの人生で起こるすべてのことが、新たな意味を持つようになります。

19

人間はその人生の中で、多くのことを自問します。しかし、それらはすべて、一つの問い「私は誰か?」をめぐるものです。あらゆる疑問はこの一つの問いから生まれます。ですから、「私は誰か?」という問いへの答えはすべての問いへの答え、究極の答えなのです。ただし、この疑問がよくある思いつきの一つだと誤解しないように、いくつかの点をはっきりさせておかなくてはなりません。

人間はいつも「私」としての自分について語り、この「私」に多くの役割を与えています。たとえば、「私は走る」、「私は食べる」、「私は空腹だ」、「私は座っている」、「私は眠っている」というように。これらの活動はすべて、身体に関わるものであり、人はそれこそが自己であると固く信じています。人はまた、「私は思い出す」、「私は考える」、「私は驚く」、「私は心配する」などとも言います。つまり人は自己を自分の思考であるとも思っているのです。ここで、「私」のイメージは心身と同一視されています。しかし、物事をもっとよく観察してみるとすぐに、身体とは行動するものであり、心《マインド》とは思考するものであるとわかります。それらは意識の道具に過ぎず、意識は「私」のイメージがなくても機能します。

私たちの精神的および肉体的活動は、人生の四つのステージを通して、絶え間なく変わり続けます。この経験から、何か刺激を受けると、それらの経験を思い出す経験者がいるということがわかります。ただし、出来事そのものと同じく、想起も今、起こっていることなのだということを明確にしておかなくてはなりません。過去についての思考は現在の思考です。意識は対象と一体であると言うとき、私たちはこの継続的な現在性のことを意味しているのです。したがって、基本的に記憶や変化は幻想であり、それらは現存《プレゼンス》の中で消えてゆきます。あらゆる想起はこの時間を超えた普遍の背景の中で起こります。経験する者はこの背景を持つ者です。

私たちが知っていて、思い出すことができるのはすでに経験したこと、つまりかつて自分の身に起こったことや考えたこと、したことなどだけです。しかし、実際に考えたり、行動したりしているときには、その思考あるいは行動以外に何もありません。何かの行為をするときに、行為者はいないのです。心とそれが知覚する対象は別々のものではありません。世界と心は異なるものではありません。それらは現存《プレゼンス》する連続体の中に、不連続に現れます。現存《プレゼンス》する連続体とは、静かな気づき《アウェアネス》です。ですから、突き詰めると、すべては気づきであると言えるのです。

深く眠っているとき、自我《エゴ》は関与しませんが、身体と脳は機能し続けています。そこにあるのは、だけです。

「私」のイメージが存在せず、私たちが思考の構造物から自由になったときに現れる、純粋な気づき

「私はよく寝た」というような言葉はこの気づきから生じます。意識はみずから輝き現れるので、何も媒体を必要としません。それとは逆に、対象は完全に意識に依存しています。意識なしに対象が知覚されることはありえません。しかし、意識は自分で自分を知ることができます。この事実をはっきりと認識しさえすれば、私たちは自分の精神の枠組みから自由になれます。そして、真理が意識的に現れます。

「私は誰か?」という問いは「われ在り」(I AM)から湧き上がってきます。その答えは、私たちが質問をする前からすでに存在しています。実を言うと、その問いは、答えから生じたものなのです。

その質問がなされたレベル、つまり葛藤のレベルでは、その問いは答えを引き出すことができません。なぜなら、いくらその問いを詳しく調べてみても、あるいはそれについてあまり考えないようにしてみても、その答えを言葉で言い表すことはできないからです。しかし、最後には、考えることによって答えを見つけるように私たちを急き立てる推進力は消え、すべての問いに答える永遠の現存《プレゼンス》、すなわち「われ在り」に再吸収されてゆきます。

しかし、目を覚まして「よく寝たなあ」と言うとき、私はくつろぎの感覚のことしか言っていないの

ではないでしょうか？

確かにそうです。しかし、「よく寝た」と言うことには、身体がリラックスしたという感覚以外の何かがあります。甘美さそのものに浸ったことからくる心地よい満足感があるのです。

たとえば、もし誰かがあなたに「生きていますか？」、「意識はありますか？」と聞いたら、あなたは何も考えずに「はい」と答えるでしょう。ひとまず、感覚や説明のことはまったく考えません。この自発的な「はい」は、「自分は意識である」という深い確信に由来するからです。

私たちが理解へ向かって前進してゆくことができないなら、いったいどうやって理解が生じるのですか？

どんな形の訓練も目標や結果と結びついています。しかし、探しているものが今もいつもここにあり、到達すべき目標がない場合、それは障害になります。心から何かになりたいという欲求がまったくなくなると、心は平和になり、注意はひとりでに対象から究極の「主体」、つまりあなたの真我《セルフ》の前触れへと移ります。油断せず、明瞭な視野を保って、絶え間なく生じる、何かになりたいという欲求に気をつけていてください。そして、いかなる努力もしてはなりません。本当のあなたにはいかなる方向性もありません。ですから、どんな方向づけも、あなたを自覚的に本当の自分であることから遠ざけます。このようにしてあらゆる努力を手放すと、もはや時間が存在しなくなるので期待もなくなります。もはや名前も形も存在しないところに、恐れや不安が存在する余地があるでしょうか？　こうして投影がすべてなくなると、全体性の予感がしてきます。

私たちは問うことによって成熟するのでしょうか？　それとも、成熟したから問うのでしょうか？

問うことによって成熟します。問うことは私たちにとって自然なことです。赤ちゃんや子どもたちをごらんなさい。残念ながら、社会や教育システムがこの生得的な探求心をはぐくむようになっていないために、子どもたちはしょっちゅう退屈しています。私たちは現在や未来に過去を重ね合わせるように教えられるせいで、その瞬間の持つ刺激や新鮮さを見失ってしまうのです。この自動的な働きに気づくには注意深さが必要です。

一瞬一瞬が唯一のものであるということをあなたは垣間見るかもしれません。そうすれば、あなたは自然に真の問いの背景である注意、あるいは開放性《オープンネス》に引き戻されるでしょう。この問いを概念や知覚として位置づけることはできません。また、この問いには期待や予想、生成変化などが伴いません。あなたが身の回りのものを自分の全存在との関わりの中でありのままに見ることができるようになったとき、成熟が起こります。間違っているものについて、なぜそれは間違っているのかを分析したり、それについて擁護したり、説明したりすることに時間とエネルギーを浪費することなく、間違っているものはただ間違っているとわかってください。そうすれば、あなたはそこから抜け出せます。そして、気がつくと澄み切った気分になっています。そのとき、真理を探求する者の問いは子どもの問いを超えます。子どもはいつまでも問いの対象に焦点を置いたままですが、成熟した探求者は問うことそのものに焦点を当て、やがていつの日か、自分は問うことそのものなのだということを発見するのです。

たとえ、家庭や教育などの社会的な条件づけから独立しても、人間であることによる基本的な「条件」があるのではないでしょうか？　それは、生物として代々存続していくための条件です。

常にある程度の文化的、生物学的条件づけがあることは認めます。それは私たちの存在に属しています。自由になるとは、意志によってそれらの条件づけを否定したり、拒絶したり、消し去ったりすることではありません。自由とは、自分をそれらの条件と同一視しないこと、それに縛られないことです。あなたは自分が自由であると知っているのだから、もう自由になろうとするのはやめてください。そうすれば、過去や社会への反応もなくなります。あなたの機能はある程度まで条件づけられています。しかし、そのような条件づけを受け入れるためにエネルギーを無駄遣いしてはなりません。なぜなら、それはあなたの真の自己とは何の関係もないからです。つまりあなたは自分のメカニズムを知り、条件づけを熟知していますが、あなたがそれらに縛られなければ、それらは何も制限できないのです。

人類は地球に何百万年も住んでいますが、自由と愛が変化したり制限されたりしたことは一度もありません。自由と愛は思考と表象、時間と空間を超越しています。

私たちが自分を開放して待っているとき、どんな刺激が行動を引き起こすのですか？　いったいどんな行動が起こりえるのでしょうか？　つまり射手がいないのに、どうやって矢はひとりでに飛んで行き、的《まと》を見つけることができるのでしょうか？

開放性は私たちの本質なので、私たちはみずから望んで自分を開放することはできないということを、まず理解しておかなくてはなりません。ほんのわずかでも開放的になろうという意志やそうなりたいという欲求があれば、それは私たちを本当の自分から引き離します。意図は決して意図を超えられないからです。この悪循環から抜け出すには、開放性とは自我のない状態であり、それは今ここにあるのだという真実を垣間見るしかありません。

この開放性には、いかなる中心も外縁もありません。また、そこには支配者や観察者、選択や決定を行う者などもいません。すべての機能がひとりでに起こります。観察者のいない観察の中では、観察されるものは記憶の介入を受けずに、現れては消えてゆきます。あなたの弓道のたとえを使うならば、それは的や身体、矢の位置などの状態のすべてが、目標も意図もなしに、ただ観照されているということになります。正しい要素がそろった瞬間、矢は自然に放たれます。しかし、矢を放つ者は誰もいません。射手がいなくなると、それはまさに道《タオ》の達人の無の状態になります。彼らは行動の真っ最中でも完全にリラックスしており、そのおかげで道の流れが彼らに入り込んでくるのです。

それは開放性を経験しない限り、私たちは決して正しく行動できないということですか？

その通りです。なぜなら、そのときまでは、ただ心だけが行動しているからです。記憶に頼っている限り、私たちは正しく的確な行動をとることができません。なぜなら、同じ状況は二度と繰り返されないからです。正しい行動はその瞬間そのものから生まれます。

法律や社会、倫理や宗教などで定められた行動規範はどうでしょうか？　それらは私たちに行動の仕方を教えてくれるものであり、私たちはその行動の仕方をあらゆる状況に適用できると言われていますが。

規範化された行動は決して倫理的ではありません。

しかし、私たちの社会にはまだ、自発的な生き方を受け入れる準備ができていませんね……

確かにそうですね。当面、私たちには松葉づえが必要です。しかし、いずれ松葉杖を手放せる日がくるでしょう。正しい社会的行動には感受性が必要ですが、感受性がなければルールが必要です。ただし、自分はそれを松葉杖として使っているだけなのだということを、はっきり自覚しなくてはなりません。

つまり私たちは、自分の松葉杖を知らなくてはならないということですか？

その通りです。杖、つまりパターンの中で自分を見失ってはなりません。問いはあなたを導き、何が松葉杖で何が記憶か、何が創造的な瞬間に属しているのかを教えてくれるでしょう。

規範化された行動が、自発的な正しい行動と同じくらい善良で賢明に見えることもよくありますよね。

そうかもしれません。しかし、学習された行動を見るとき、私たちは時として自然の流れでは生じないような、誤った重視を行います。このことがはっきりとわかるのは、光の中にある人だけです。

理解したことを日常生活に移さなくてはならないとおっしゃいましたね。では、そうすることと、学習した社会的行動を実践することではどこが違うのですか?

私たちはまず、日常生活では自分の理解していることに従って行動していないということに気づかなくてはなりません。間違いは間違いだと気づくと、真実だけが残ります。

それについてもっとはっきりさせてください。真理を垣間見さえすれば、つまり「私たちは自分の考えでもなければ明確な現れでもない」という原理を理解すれば、私たちの生活の特定の諸要素が自然に移り変わったり、再調整されたり、捨て去られたりする、つまりあなたの言葉で言うと、エネルギーの再調和が起こるということですね。

はい。

しかし、時間をかけて統合してゆかなくてはならないような、もっと濃密で複雑な領域もあるのではないでしょうか？　そういう場合は、自分が理解していることを生活に適応させていくのに多少の努力が必要なのではありませんか？

そこで役に立つのは努力ではなく知性です。この知性は、あなたの無為の開放性に属しています。あなたが一度真理を垣間見さえすれば、この知性は刺激されて目覚めます。私たちの理解は類推を通して、一つの次元から次の次元へと置き換えられてゆきます。弓道家が弓道で学んだことは、彼の生活のすべての領域に置き換えることができます。弓道の技術は類推のための手段に過ぎません。

つまり弓道の技術は、生きる技術を見つけるための鍵だということですか？

はい。身体運動の方法も鍵になります。肉体的な次元で自分の身体にアプローチする場合は、知覚に対して完全に開放的になり、そのアプローチを生活のすべての領域に適用しなくてはなりません。

タオイズム（道教、老荘思想）は生命の流れに従うのに対し、ヨーガは生命の流れを支配しようとしているように思われます。たぶん、突き詰めると両者は同じだと思うのですが、伝統的な教えに限って言えば、どこが違うのか教えていただけませんか？　支配する方法、つまり力を使う方法は自由をもたらすことができるのでしょうか？　私たちの現代社会は「支配が調和をもたらす」という、その信念のもとに築かれているようですね。

まず、「生命の流れに従う」とは何を意味するのかを明確にしましょう。あなたが自己を人格と同一視すると、つまりあなたがそれこそは自分だと思い込んでいる考えや身体と自己を同一視すると、主体と対象の関係が生まれます。この関係の中にあると、生命の大海がいくらあなたを誘っても、あなたはそれに気づきません。だから、その潮の満ち引きにも乗れません。あなたが行動してもしなくても、それは必然的な反応にすぎません。なぜならあなたはイメージの中で、つまり心の中で生きているからです。あなたは特定の動機や倫理、イデオロギー、スピリチュアルな考えなどに従って、行動したりしなかったりします。それは真に生を受け入れているのではなく、むしろ生に従属しているのです。だから、宿命論になってしまいます。しかし、宿命論が存在するのは個人、つまり人格のレベルだけです。

真に生命の流れに乗ることとは、「受動的かつ能動的」です。つまり自我《エゴ》や個性がまったく存在せず、意図や意志、目標や動機などもないという点では、それは受動的です。しかし、自我が存在しなくなると、あなたが自分の現存《プレゼンス》、つまり気づきの中で生きるという点、そしてあなたのエネルギーや才能がすべて解き放たれるという点では、それは能動的なのです。あなたはどんな状況にも臨機応変で、常に鋭敏で、あらゆることに対して準備ができています。それは選択を行わない状態です。その状態では、行動は状況そのものから生じます。行動しないことも、行動と同じく状況から生じます。気づきの中には、行動するとかしないとかいう思考は存在しません。あなたはただ、その瞬間そのものの中で機能するだけです。

ヨーガはインドの思想体系であり、その教えは完全に二元性に立脚しています。この二元的な体系が、あなたを非二元的な無の状態に導くことは絶対にありえません。とはいえ、ヨーガはあなたに「自分は二元的なシステムの中にいるのだ」と気づかせてくれます。そして、それに気づくことによって、あなたは二元性の外へ出ることができます。しかし、一九五〇年代にインドであるスワミ(訳注：ヒンドゥー教の師、ヨーガ行者に対する尊称)と出会い、「ヨーガ」をどう理解しているかを聞いたとき、彼は私にそれとは違う、非正統的なヨーガの見方を教えてくれました。私はその答えに驚きました。「ヨーガとは正しく座ることだ」と彼は言ったのです。それから、「正しく歩き、正しく行為することだ」とつけ足しました。彼にとってヨーガとは、アーサナやクンダリーニに関するものではなく、そこにある椅子に合わせて座り、状況に合わせて行動することだったのです！　つまり究極の観点に立つと、あなたの鋭敏さの中で生の流れを流れさせることと、あらゆる状況で適切な行動をとることはまったく同じことなのです。

現代社会は競争や獲得、攻撃や戦争などの源である、部分的な個性を重視します。そして、私たちはますます特殊化するように促されます。それによって、私たちは自分の全体的な本質から引き離されてしまいます。しかし、支配や断定、操作などが知恵や健全な社会をもたらすことは絶対にありえません。それどころか、個性や個人的な資質は叡智の光や愛、調和などを押し隠してしまいます。私たちの社会は暗闇の中で生きています。しかし、愛と叡智は限りなく忍耐強く、時が始まるよりも前からずっと変わることなく存在し続けています。

主体も対象もなくなる神秘的合一の状態と、主体も対象もなくなる無の状態では、何か違いがありますか？

神秘的なアプローチにおいて、信仰者は神へ向かう運動を神から受け取ります。他方、直接的なアプローチでは、自分ではないものに対する疑問が真の自己から生じます。どちらの場合も、私たちが本来属しているものへの回帰が起こります。また、どちらの場合も、感謝の念が生じます。

でも、神秘主義者はいつでも神への感謝を感じているのではありませんか?

そのような場合、神秘主義者はまだ信仰する者とされるものの関係の中にとどまっています。ある意味ではまだ、何者かがいるのです。しかし、最高の合一においてはもはや、この信仰者、つまりこの何者かがいなくなります。そこにはただ、神だけが存在します。マイスター・エックハルトが言うように、「あなたが存在しなくなったとき、神が在る」のです。

それに対して問う者は、答えそのものから生じた問うことの開放性の中に生きています。この開放性は決して対象や知覚、状態などにはなりません。それは決して断定できないものなのです。

最後に消える対象は何ですか?

自分は何者かであるという観念が、最初で最後の対象です。白紙状態もあらゆる微細な状態も、この観念から生まれます。

「白紙状態」とはどういう意味ですか?

白紙状態では、対象はすでに消えてしまっていますが、主体と対象の関係は残っています。ですから、対象もまだ可能性としては残っています。言い換えると、対象の不在もやはり一つの対象だということです。意志によって段階的に対象を消去していった場合、これは避けられない結果です。

真の出会いは出会いの後に起こるとおっしゃいましたが、例えば恋人同士ならば、会っているときに時間を超えた無の状態になることもありうるのではないでしょうか？

「私」がなくなり、それゆえに「あなた」もなくなると、現象の次元での出会いの内容が統合されます。ごくまれに会っている最中にこの統合が起こることがあるかもしれません。しかし、物質的な次元での出来事は連続して起こり、時間と空間に縛られているので、出会いの全体性が現れるのはこれらの制限がなくなったときだけです。そして、それは時間を超えた、あなたの気づきの中で完全に生きているのです。

あなたは純粋な知覚と直接的な知覚をどのように区別しておられますか？

直接的な知覚では、あなたには見るものがあります。他方、純粋な知覚では知覚はその故郷である見ることの中で消えてしまい、あなたには見ることだけがあります。

弟子が自律できるようになったとき、彼とグルとの関係はどのようなものになりますか？　弟子はずっと感謝し続けるのでしょうか？　もし弟子が自分は独立していると感じ、しかもグルへの本当の感謝を感じなかったとしたら、彼はいったいどのような状態なのでしょうか？

（理論的な方法の反対語としての）実践的なアプローチでは、弟子も師もありません。もし、そんなものがあったら、存在の、つまり一体性《ワンネス》の伝達は起こりません。そこにあるのはせいぜい、精神的なレベルの教えだけです。

弟子は師から「あなたは身体でも感覚でも心でもない」と聞きます。そしてつかの間、それらを重視するのをやめ、本当の自分に焦点を当てます。やがて、彼が自分の本質の中にしっかりと確立すると、身体や感覚や心は存在の完全性に統合されます。そして、それらにはグルの「刻印」がついています。そこには愛と友情の流れと、炎を伝達するという根源的な贈り物への感謝とが残っています。

自分は何かから独立していると感じる人は反応の中で生きています。その瞬間、彼は弟子ではありません。グルを忘れることは自己を忘れることです。

私の本質を知る者とは誰ですか?

あなたの本質は知ることです。それを知ることはできません。心が知ることができるものはすべて、あなたではありません。社会があなたに与えた、「私は分離した実体である」という考えが——その欲求や恐れ、想像、自分は何者かであるという信念と一緒に——あなたから完全になくなると、あなたの「私」は生きた現実になります。何か一つあなたの無限の存在を思い起こさせるもの、つまりその予感があれば、すぐにそれらのものは現実ではなく、現実の表現であるということがはっきりとわかるでしょう。そして、あなたは即座に本当の自分を確信するでしょう。存在の性質についての真実、つまりあなたが存在するすべてのものを生み出しているのだということも、ひとりでに明らかになります。もし気づきがなければ、何もなかったでしょう。現象の次元で経験されることはすべてあなたではなく、あなたの延長です。経験はあなたの中にありますが、あなたは経験ではありません。

真の自由を生きているとき、あなたは何も選択したり努力したりしないし、自分を定義したり評価したりする必要もありません。存在するものはすべて意識の中に現れます。しかし、意識が存在の中で消えてしまうことはありません。私はこのことをあなたに言葉で証明することはできません。また、他人から聞いた情報であなたがそれを確信することもないでしょう。ですから、それを生きて証明してください。そうすれば、自分の故郷が見つかるでしょう。そのとき、そこには誰も感謝する者のない、感謝だけがあるでしょう。

あなたはこれでもあれでもありません。あなたはすべてを知る者、至上の知覚、根源にして無限の存在なのです。

訳者あとがき

本書はジャン・クライン著 "I AM" (NON DUALITY PRESS,1989) の全訳です。序文にもある通り、本書は一九八一年に出版されて好評を博した前著の全面改定版であり、彼の代表作です。

著者のジャン・クラインは欧米に不二一元論（アドヴァイタ）を広めたパイオニア的存在であり、ラマナ・マハルシやアートマナンダ・クリシュナ・メノンの流れを汲む偉大なグルです。しかし、クラインは同時に音楽学者であり、医者でもあったため、欧米の人々は尊敬と親しみを込めて、彼を「ドクター・クライン」と呼んできました。

クラインは体系的な著述よりも、対話や質疑応答を好んだので、その著書の多くは彼が世界各地で行った集会やセミナーでの対話をテーマごとに編集したものになっています。本書もその中の一つであり、「私は~である」という条件づけ以前の「私は在る」という意識、つまり真我をめぐる質疑応答が中心にまとめられています。

日常的なことから形而上学的な問題まで、多種多様な質問に対し、クラインは深遠な叡智を保ちつつも伝統的な用語を極力控え、ごく簡単な言葉で答えました。そのため、彼の言葉はインド哲学の研究者はもちろん、これまでインド哲学になじみのなかった多くの人々にも幅広く受け入れられ、強い影響を与えることになりました。

しかし、すでにお読みになった方にはおわかりかと思いますが、一見平明に見える彼の言葉を本当に理解するのは決して容易ではありません。たとえば「対象は私たちの美を刺激する」や「成就(fulfillment)」という言葉。「美意識を刺激する」、「願望の成就」、「自己実現(self-fulfillment)」などのフレーズならよく聞いたことがありますし、容易に理解できます。しかし、美そのものを刺激するとはどういうことか、主体や対象のない成就とは何かと問われると答えるのが難しいのではないでしょうか? 簡単なようで簡単でない言葉、客観的知識ではなく私たちが知る存在として生きて初めて分かる知識……。だからこそ、原著編集者のエドワース氏は本書を「詩を読むように」読みなさいと言ったのでしょう。読者の皆様には、ぜひ本当にそのように本書を味わっていただきたいと思います。そういう読み方をしたとき初めて気づく真理があるのではないでしょうか。

最後になりましたが、この素晴らしい本の訳を私に託して下さった、ナチュラルスピリットの今井博央希社長、および拙訳を厳密かつ丹念に編集して下さった川満秀成氏には心から感謝申し上げます。

二〇一七年二月

伯井アリナ

■ 著者

ジャン・クライン（ Jean Klein ）

ラマナ・マハルシとクリシュナ・メノンの伝統を継ぐアドヴァイタ・ヴェーダーンタ（不二一元論・学派、哲学）のマスター。ノンデュアリティー（非二元）に関する著作が多数ある。インドで数年間過ごし、アドヴァイタとヨーガを深く究めた。1955 年、ついにノンデュアリティーの真理を体得。1960 年からヨーロッパで、その後にアメリカで指導を始めた。本書は現代において最も明確かつ直接的にアドヴァイタを説いた本である。

■ 訳者

伯井アリナ（はくい ありな）

大阪生まれ。翻訳家。京都大学大学院で人間存在論を専攻。現代哲学、キリスト教、スピリチュアリズム、ヨーガ思想等の研究と翻訳を行っている。訳書に『キラエル ― レムリアの叡智とヒーリング』『超人生のススメ ― 量子的悟りのためのガイドブック』『魂のチャート ― マイケルが教える人類の進化と自己理解』（いずれもナチュラルスピリット刊）などがある。

われ在り

I AM

●

2017 年 4 月 12 日　初版発行

著者／ジャン・クライン

訳者／伯井アリナ

編集・DTP／川満秀成

発行者／今井博央希

発行所／株式会社ナチュラルスピリット

〒107-0062　東京都港区南青山 5-1-10　南青山第一マンションズ 602

TEL.03-6450-5938　FAX.03-6450-5978

E-mail：info@naturalspirit.co.jp

ホームページ http://www.naturalspirit.co.jp/

印刷所／創栄図書印刷株式会社

ISBN978-4-86451-236-7 C0010